**ELEFANTE**

**elefante**
EDITORA

**Conselho editorial**
Bianca Oliveira
João Peres
Tadeu Breda

**Edição**
Tadeu Breda

**Assistência de edição**
Fabiana Medina

**Preparação**
Carolina Hidalgo Castelani

**Revisão**
Laila Guilherme
Tomoe Moroizumi

**Capa**
Túlio Cerquize

**Ilustrações**
Francisco Papas Fritas

**Direção de arte**
Bianca Oliveira

**Diagramação**
Victor Prado

**ALANA MORAES
LUCAS KEESE
MARCELO HOTIMSKY**
Organização

# TERRITÓRIOS EM REBELDIA

# RAÚL ZIBECHI

Tradução
**GABRIEL BUENO DA COSTA**

6 **Apresentação**
Alana Moraes, Lucas Keese & Marcelo Hotimsky

10 **Entrevista com Raúl Zibechi**
Alana Moraes, Lucas Keese & Marcelo Hotimsky

256 **Sobre o autor**

258 **Sobre os organizadores**

| | |
|---|---|
| 26 | O massacre como forma de dominação |
| 32 | Genocídio no Haiti: a responsabilidade latino-americana |
| 44 | Liberar o mundo novo que pulsa no coração dos movimentos |
| 58 | Prólogo a *Los arroyos cuando bajan* [Quando os riachos baixam] |
| 74 | Prólogo a *O Estado e a revolução* |
| 96 | A revolução de 1968 na América Latina |
| 112 | Autonomias e autogovernos depois do progressismo |
| 136 | A solidão dos movimentos antissistêmicos |
| 146 | O estado de exceção como paradigma político do extrativismo |
| 166 | Quinoa de cem cores |
| 176 | Balões negros |
| 184 | Políticas sociais, governos progressistas e movimentos antissistêmicos |
| 212 | Os povos precisam defender a vida e o território |
| 234 | As estratégias não são eternas |
| 240 | Violência e ódio de classe |
| 246 | Dez lições sobre a outra economia, antipatriarcal e anticapitalista |

# APRESE

Alana Moraes, Lucas Keese
& Marcelo Hotimsky

Raúl Zibechi é um dos mais importantes pesquisadores das lutas sociais na América Latina, e sua obra expressa uma tradição fundamental do pensamento radical da região, vivamente conectada e vinculada aos territórios e aos movimentos coletivos. Contudo, e apesar de sua imensa relevância, apenas uma parte diminuta de sua obra encontra-se publicada em português.

A presente coletânea pretende contribuir para começar a sanar essa lacuna editorial no Brasil, mas também fazer reverberar um tipo de intervenção que retoma a hipótese autonomista das lutas, para seguir pensando e caminhando com aquelas e aqueles que resistem em um continente conflagrado pela guerra permanente contra os povos. Não é como intelectual ou ilustre teórico de vanguarda que este escritor, militante e jornalista uruguaio se mostra àqueles que deparam com seus textos e intervenções. Zibechi nos surge, antes de tudo, por meio dos movimentos que acompanha, por sua cumplicidade aos que lutam e pensam com os pés na terra. Trata-se de uma postura que se reflete na forma de seus escritos, marcados por uma linguagem direta e aberta, sem academicismos e comprometida com a circulação de questões conforme formuladas nos contextos em que surgem.

Em seus livros, somos levados a diversas lutas e geografias, seja aos massivos protestos que gritaram ¡*Que se vayan todos!* em 2001 (*Genealogía de la revuelta: Argentina, la sociedad en movimiento*, 2004), às comunidades aimará na série de revoltas bolivianas que derrubaram sucessivos governos (*Dispersar el poder: los movimientos como poderes antiestatales*, 2006) ou às montanhas do sudeste mexicano nos primeiros anos da insurreição zapatista (*Los arroyos cuando bajan*, 1996). Nesses casos, assim como nas experiências relatadas nos ensaios que compõem este livro, são as lutas e práticas coletivas que conformam o primeiro plano a partir do qual se desenvolvem os debates e as reflexões propostas pelo autor, situando sujeitos e condições concretas que colocam em movimento a teoria. Tais lutas e zonas de conflito não aparecem apenas como "respostas" a um conjunto de questões sempre colocadas pelo poder, mas suscitam outras perguntas, sonhos, e enredam dissensos que estão implicados nas muitas formas de existir com o mundo.

Zibechi vem se dedicando a pensar os processos de transformação do continente desde a década de 1960, a partir do impacto da Revolução Cubana na região e também da contraofensiva produzida pelos emergentes regimes militares. Em alguns textos, o autor persegue o que para ele são as três correntes político-culturais "originárias da América Latina": a Teologia da Libertação, a educação popular e as insurgências e cosmologias indígenas. Todas cumpriram papéis fundamentais na onda de revoltas de 1968 no continente e, de certa forma, influenciaram muitos dos movimentos importantes que emergiram nos anos 1980 e 1990, como o Movimento dos Trabalhadores Rurais Sem Terra (MST) e o zapatismo.

Zibechi também traça em seus artigos pistas importantes sobre a singularidade do capitalismo e seus modos de governo na América Latina. Retomando formulações clássicas do chamado "giro decolonial" no continente, reafirma o conceito de "colonialidade do poder" para a compreensão de velhas e novas formas de espoliação que se expandem pelas associações entre a forma Estado, a crescente militarização, o capitalismo extrativista e a devastação socioambiental.

Os textos aqui reunidos são de diferentes gêneros, como artigos jornalísticos, prefácios e capítulos de livro, produzidos na maior parte das vezes como intervenção em relação a conjunturas específicas. Isso faz com que alguns elementos e análises pareçam mais circunscritos a um certo momento. Essa variedade de textos, contudo, é articulada e percorrida por questões-chave, como a experiência de habitar, defender e conformar um território enquanto modo de viver e lutar — territórios que não só resistem e sobrevivem às formas de ataque dos velhos e novos inimigos, ao extrativismo e à despossessão impostos pela violência de uma "Quarta Guerra Mundial" ou administrados por políticas sociais de apaziguamento dos governos progressistas, mas se fazem existir em rebeldia autônoma, reinventando-se.

Na visão de Zibechi, para além das experiências das grandes mobilizações e revoltas, é importante voltar-se para as lutas que deságuam em práticas rebeldes cotidianas e que gestam novos mundos. O autor as encontra em coletivos feministas, movimentos negros, assembleias de bairros populares e povos indígenas — todos vinculados territorialmente e definidos por um contínuo e profícuo desdobramento de identidades e diferenças.

Mesmo a busca pela autonomia — outra ideia central nestes textos — relaciona-se com a dimensão territorial, no sentido de que os territórios constituem a base sem a qual não há como desenvolver qualquer prática autônoma que possa conjurar coerções oriundas do Estado e do mercado. É também a partir do território que se desenvolvem vínculos que se opõem a uma noção individualista de autonomia, atualizando seus modos de existência em uma trama de alianças, cuidados e interdependências entre diferentes.

Na entrevista a seguir, buscamos desenvolver junto ao autor algumas das questões que atravessam os textos, os vínculos com sua trajetória militante e impasses hoje enfrentados pelos "de baixo" e seus territórios em meio ao cataclisma capitalista. Esperamos que este livro, uma reunião de reflexões sobre os movimentos a partir do ponto de vista do encontro e da convivência, possa contribuir no debate sobre as relações entre as lutas dos povos, seus territórios e autonomias.

São Paulo, agosto de 2022

# ENTRE
## COM RAÚL ZIBECHI

Alana Moraes, Lucas Keese
& Marcelo Hotimsky

# VISTA

*Zibechi, gostaríamos de saber sobre a relação entre seu percurso e o conjunto de suas reflexões. Falando um pouco sobre sua trajetória, quais encontros provocaram em você mudanças ou produziram deslocamentos de questões que até então lhe eram caras? Nesse sentido, quais seriam os pontos de virada que você identifica em sua trajetória como militante? É possível pensar em formas de conhecer e pesquisar que não estejam mais separadas dos próprios modos de fazer política, dos modos de existência em luta?*

**RAÚL ZIBECHI** Houve dois ou três momentos de virada. No exílio na Espanha, nos anos 1970, foi importante conhecer a primeira onda feminista. A verdade é que, chegando da América Latina, isso foi um golpe duro para o ego masculino revolucionário, e minha reação inicial foi defensiva. Apesar do impacto, consegui questionar minha forma de pensar ligada naquele momento ao marxismo e ao leninismo, mas agora vejo que progressivamente o feminismo foi atravessando minhas convicções sobre a forma de compreender o poder, o Estado, o partido e a revolução.

A segunda inflexão foi o zapatismo. Há anos vinha conhecendo comunidades indígenas na região andina, na década de 1980, e isso me impactou muito, assim como a escrita de José María Arguedas e de alguns pensadores peruanos, como Alberto Flores Galindo. Mas o zapatismo foi fundamental, já que provocou em mim um duplo impacto, político e de pensamento, e ao mesmo tempo afetivo. Conviver com as comunidades e as bases de apoio muda sua forma de ver o mundo, de ver a si mesmo, e põe em xeque os modos de pensar e de fazer.

Talvez exista uma terceira inflexão, mais recente, mas acredito que é muito cedo para compreendê-la em profundidade. Ela se relaciona com a crise do progressismo iniciada em junho de 2013, o vazio deixado por ele e a emergência dos sujeitos coletivos de "mais abaixo", como povos negros e amazônicos. Em dado momento, eu havia confiado nos governos progressistas, sobretudo no de Lula, que foi quase o primeiro, mas o entusiasmo durou bem pouco. Então, junho de 2013 era, e de algum modo continua a ser, algo distinto, não tanto pelas ruas, que sempre são importantes, mas por dois motivos adicionais: mostrar os limites do progressismo e das esquerdas e ensinar que as coisas podem ir por outro caminho, pelas mãos de outros sujeitos.

Jovens, mulheres e favelados têm exercido um papel mais importante do que parece. Não é possível ver tudo isso no momento seguinte a junho de 2013, mas as coisas vão saindo pouco a pouco da sombra. Sob a pandemia de covid-19, ficam completamente evidentes tanto a crise das esquerdas (do PT ao MST) quanto a recomposição do campo popular. Nesse sentido, conhecer militantes em favelas como Maré e Alemão, no Rio de Janeiro, me encheu de perguntas e me levou a buscas de outro tipo, de Abdias Nascimento ao papel do teatro e da música na formação de sujeitos coletivos negros.

Sobre as formas de conhecer, pensar e pesquisar, é evidente que, com a ruptura dessas esquerdas, também desmorona o papel do indivíduo branco, acadêmico ou escritor e militante. Estamos diante de outra realidade. O pensamento crítico deixa de estar centrado na escrita, no livro, e se diversifica nas produções do mundo popular, como na dança, na ritualidade, na atuação e nos movimentos corporais. Quero dizer que meu papel como pessoa branca adulta também é questionado pela emergência desses sujeitos coletivos, em particular feministas e jovens negros, no caso do Brasil. É o momento de pensar: o que vem depois?

Como vocês podem imaginar, não tenho a resposta. Seria muito egocêntrico pensar que eu, como indivíduo, vou tê-la a partir de uma racionalidade urbana ocidental. O que vem a seguir é um trabalho intenso, individual e coletivo, antipatriarcal, anticolonial e antieurocêntrico. Tudo isso implica um trabalho sobre o ego branco masculino. Não pensem que vou me suicidar — não por enquanto —, mas o momento é de nos repensar, de trabalhar com outros e outras e, sobretudo, cada vez mais distante do centro, nas margens. Sob a pandemia, tenho tentado ser apenas o fio transmissor do que os povos estão fazendo, porque são eles os que nos ensinam, e nós somos apenas seus alunos. Os zapatistas têm dito isso há anos, mas às vezes pensávamos ser apenas retórica.

Em resumo, temos de nos repensar a partir de quem fala, a partir dos territórios dos quais se emite um discurso, o que supõe nos colocarmos em questão, em debate, e aceitar que não somos centro de nada, mas apenas uma dobradiça.

*Desde que começamos a organizar este livro, muitos eventos políticos importantes ocorreram na América Latina e no mundo. Houve a derrota eleitoral do primeiro ciclo de governos progressistas ao mesmo tempo que líderes políticos de extrema direita se fortaleceram com grande apoio popular e chegaram ao poder. Mais recentemente, surge um novo fôlego eleitoral com uma renovada onda de governos progressistas, mas, ainda assim, a extrema direita segue conquistando espaços importantes na sociedade. Em seus textos, você destaca o modelo econômico extrativista na América Latina no contexto da acumulação por despossessão — ou Quarta Guerra Mundial, nos termos zapatistas —, que seriam modos político-econômicos presentes inclusive nos governos progressistas da região. Seria possível pensar que o avanço da extrema direita seja a expressão mais bem acabada desse projeto extrativista e possa enterrar de vez as expectativas por "inclusão social" e formas mais negociadas de gestão da pobreza? Ou estaríamos vendo um projeto de outra natureza? Como você entende a emergência desse cenário no contexto latino-americano diante da chamada crise dos progressismos, e o que as lutas por autonomia, tão caras à sua obra, podem nos apontar neste momento?*

**RZ** Acredito que os governos de extrema direita não tenham necessariamente um projeto definido, e sim que provavelmente sejam a expressão da crise, uma resposta a partir das classes dominantes e médias — e também das instituições que sentem que essa crise é algo novo e diferente, que pode varrê-las. Se nossos projetos estratégicos têm sido desbaratados pela realidade, podemos pensar que acontece algo similar com as direitas. Acredito que a única instituição que continue de pé, e seguirá assim durante muito tempo, são as Forças Armadas. Não é nenhum acaso que, em plena crise brasileira, elas tenham dado um passo à frente, ocupando espaços cruciais do poder.

Minha impressão é a de que as classes dominantes têm apenas um projeto: continuar no topo, continuar dominantes. O resto, elas improvisam. Enquanto isso, apelam ao Estado para resolver as urgências. É um erro pensar que a economia, o lucro, é o aspecto primordial para elas. O capitalismo não é uma economia — e nesse ponto concordo com o líder curdo Abdullah Öcalan —, é um projeto de poder, um tipo de poder tecido em torno da dominação das mulheres e dos povos originários e negros. É uma utopia, portanto, pensar que seja possível tomar o controle do Estado, porque é o Estado *deles*, uma ferramenta criada pela burguesia para servi-la.

Creio, assim, que o problema está do nosso lado: dois séculos de estadocentrismo levaram a política emancipatória à falência. Essa é uma conclusão baseada na experiência; não tem nada a ver com as ideologias, nem com o marxismo ou com o anarquismo. Mas sejamos francos: não existe uma alternativa já preparada para substituir uma política ancorada na tomada do Estado.

No pensamento crítico, existe um problema maior. Se a acumulação por reprodução ampliada do capital, o capitalismo industrial, correspondeu no Primeiro Mundo ao Estado de bem-estar social, ou a formas menos acabadas de negociação entre sindicatos, Estado e empresas, como na América Latina, devemos analisar que tipo de Estado corresponde ao período da acumulação por despossessão, no Sul do mundo e nas zonas do não ser.

É aí que ganha vigor o conceito de Quarta Guerra Mundial do zapatismo: uma guerra permanente de usurpação para retirar as pessoas dos territórios, apropriar-se deles e redesenhá-los conforme sua conveniência. Isso é o que acontece nas áreas de expansão do agronegócio na Amazônia, da mineração e das monoculturas em todo o continente, mas também do extrativismo urbano nas grandes cidades. As Olimpíadas e a Copa do Mundo foram a desculpa para desalojar centenas de milhares de pessoas de suas moradias, como aconteceu com a Vila Autódromo, no Rio de Janeiro.

O tipo de Estado que corresponde a essa forma brutal de acumulação não pode ser a democracia. A ocupação militar nas favelas e a guerra contra os pobres em todo o continente são o modo de dominação que torna possível a espoliação. A esquerda não quer entrar nesse debate e acredita que, com a saída de Bolsonaro, tudo voltará a ser "paz e amor". Impossível. O Brasil não vai voltar ao ciclo vivido com FHC e Lula, a menos que ocorra uma revolta popular muito potente, que vá muito além de junho de 2013.

*Antes da pandemia de covid-19, a América do Sul começava a experimentar um novo ciclo de lutas contra os consensos neoliberais, como na Colômbia, no Equador, no Peru e no Chile. No contexto internacional da crise relacionada à pandemia e seus efeitos vindouros, entretanto, há um claro discurso de fortalecimento do Estado como "protetor" e administrador da vida dos corpos. Novas tecnologias de vigilância e biovigilância parecem ter legitimidade inclusive dentro de setores que se identificam como progressistas. Além disso, a letalidade policial cresceu com a chegada da pandemia. O horizonte de fortalecimento do Estado não seria uma proposta de volta às condições anteriores à derrocada dos governos progressistas que de certa forma ajudaram a produzir a situação atual? O que há hoje de experiências autônomas (e o que pode haver) de autodefesa e de cuidados coletivos, mesmo em termos de autonomia técnica para sustentar a vida em comum diante do fortalecimento de uma cultura imunitária, securitária, vigilante e racista?*

**RZ** Acredito que, com a crise de 2008, os protestos de junho de 2013 e a queda do PT, encerra-se um ciclo de democracias pós-ditaduras. No plano concreto, deixa de haver governabilidade, hegemonia e certo consenso, para se instalar a dominação pura e simples e uma crise prolongada da governabilidade, no sentido dado por Foucault, não tanto de consenso, mas de técnicas de governo capazes de criar as condições para fazer o sistema funcionar.

Para os movimentos, o desafio consiste em se desprender da velha estratégia em dois passos (como analisa o sociólogo Immanuel Wallerstein) para se concentrar em outras formas de fazer política, que não excluem a relação com o Estado e os governos, mas que não se organizam em torno disso. A questão é: qual o caminho, então? É preciso inventá-lo, não com a simples imaginação, mas com base no que foi feito e no que tem sido feito pelos povos nesses anos.

Observemos o que acontece no âmbito da pandemia no sul da Colômbia, no Cauca, entre os povos Nasa, Misak e Kokonuco, ligados ao Consejo Regional Indígena del Cauca [Conselho regional indígena do Cauca] (Cric). Realizaram uma *minga hacia adentro* [mutirão interno], que consiste em um processo de harmonização coletiva nas comunidades e entre elas e a natureza. Reúnem-se em torno de fogueiras, fazem defumações com plantas curativas e médicos tradicionais perto das lagoas e dos locais sagrados. A comunidade é um princípio curativo e de cuidados. Além disso, intensificam e diversificam cultivos, enviam alimentos a indígenas urbanos, trocando-os por produtos de higiene. Realizam trocas entre produtores de terras quentes e frias, sem uso de dinheiro, com base nas necessidades.

Todo o processo é protegido por sete mil guardas indígenas "armados" com bastões, que vigiam setenta pontos de entrada e saída dos *resguardos*, ou territórios indígenas. Em todo o continente, existe uma enorme variedade de iniciativas de autodefesa: o sistema de guardas indígenas nasa do Cric está sendo adotado pelos povos negros como *guardias cimarrones* [guardas quilombolas] e pelos trabalhadores sem-terra como os *guardias campesinas* [guardas camponesas], na Colômbia; há uma polícia autônoma em Guerrero, no México, além do Exército Zapatista de Libertação Nacional (EZLN); as *rondas campesinas* [rondas camponesas] no Peru, que já têm cinquenta anos, e que nos lugares em que existe mineração se transformam em Guardianes de las Lagunas [guardiões das lagoas]; e as autodefesas constituídas em muitos bairros periféricos. Agora surgiu a *guardia washek*, no norte da Argentina, no Chaco.

Em estreita relação com as autodefesas, as autonomias se multiplicam. No norte do Peru, temos há quatro anos o Gobierno Territorial Autónomo de la Nación Wampis [Governo territorial autônomo da nação wampis], caminho seguido por outros três povos amazônicos. Além disso, há muitas autonomias de fato que não se definem desse modo, mas que funcionam. Como determinar o que acontece entre os Munduruku ou entre os Tupinambá da Serra do Padeiro, na Bahia? Ou em vários quilombos em todo o continente? À medida que avançam a espoliação e a extrema direita, os povos intensificam sua inflexão autônoma — simplesmente porque eles não têm outro caminho para se defender e continuar a ser povos.

*A reflexão sobre os movimentos e as revoltas associados a povos indígenas é muito importante em sua obra. O que para você parece singular na experiência não só dos povos indígenas mas de todos os povos que se diferenciam de modo mais destacado do que chamamos de Ocidente, e o que nessas experiências pode apontar para um alargamento dos modos de pensar e fazer política? Quais os diálogos e os encontros desejáveis entre essas formas de luta e a tradição dos movimentos de esquerda de origem europeia diante da profunda corrosão das formas democráticas que hoje nos atravessa na América Latina e no mundo?*

**RZ** Os territórios, a territorialização de povos, classes, cores de pele e gêneros. Diria que sem território não somos nada, não conseguimos nos ancorar como sujeitos coletivos e nos desmanchamos no ar, como dizia Marx. A classe operária foi derrotada quando conseguiram neutralizar seus espaços, como as tabernas, e quando desterritorializaram a fábrica, fragmentando o processo produtivo. A força operária nunca esteve apenas na fábrica. Sem o bairro operário, sem a sociabilidade densa entre famílias, nunca teria acontecido algo que chamamos de poder operário. Os sovietes eram territoriais, correspondiam a uma região operária, como os Cordones Industriales [cordões industriais] no Chile de Salvador Allende, ou o ABC paulista durante a última ditadura brasileira.

Existe uma fantasia que situa os sindicatos como chave da luta de classes, algo não demonstrado pelas pesquisas empíricas sobre a classe operária. A potência da classe operária foi constituída pelas comunidades em seus territórios, muitos deles ao redor ou próximos das fábricas. Aliás, os sindicatos continuam existindo, mas, se não há comunidades operárias, eles não têm a menor força, nem mesmo representatividade. Estudei durante sete anos em uma comunidade operária em uma pequena cidade que girava em torno de duas fábricas, as maiores de seu ramo no Uruguai (Zibechi, 2006). Consultei arquivos sindicais de trinta anos e pude ver como o sindicato era uma casca, que se dedicava a negociar com a entidade patronal quando os operários e as operárias das camadas mais baixas colocavam a fábrica de pernas para o ar com greves selvagens, enfrentando o despotismo dos capatazes. As pessoas não se levantam contra um sistema, ao menos não inicialmente, mas contra uma opressão concreta: dos capatazes, dos policiais — como recentemente nos Estados Unidos —, dos machos alfa, do poder direto que as oprime. Não existe uma luta contra o patriarcado ou contra o capitalismo em abstrato, a não ser na cabeça de alguns intelectuais de esquerda. Uma das conclusões a que cheguei é que a luta era mais potente quando os operários eram uma multidão (organizada informalmente em suas redes de amizades "naturais") do que quando se transformam em "classe" hierarquizada e institucionalizada no sindicato.

Depois de toda essa volta, vejo que agora na Europa começam a existir movimentos territoriais, sobretudo depois da crise de 2008. Hortas urbanas e, especificamente nas periferias, espaços públicos resgatados pelos vizinhos para um lazer não mercantil, além de edifícios autogeridos, fábricas e fazendas recuperadas e até um bairro inteiro — Errekaleor, em Vitoria-Gaistez, no País Basco, uma experiência magnífica. Vi isso apenas na Itália, na Grécia e no Estado espanhol, mas antes essas iniciativas não existiam.

Com essa territorialização, o vínculo entre movimentos da Europa e da América Latina começa a mudar. Antes a relação era de solidariedade deles conosco, que se mantém, mas sempre unilateral e monetária, o que provoca situações horríveis nas quais algumas pessoas se aproveitam e muitas ficam à margem. Essa é uma das razões que levaram os zapatistas a criar as Juntas de Buen Gobierno [Conselhos de bom governo], para superar a sacrossanta solidariedade entre esquerdas institucionais e ONGs. Agora começamos a fazer coisas mais interessantes, trocar experiências, aprender como fazem em cada local para superar as dificuldades — ou seja, começamos a nos irmanar, um tipo de vínculo muito mais profundo e criativo.

*Você costuma colocar em suas análises que o território é central para a existência dos movimentos autônomos. Em alguns momentos você formula essa questão utilizando a metáfora dos territórios como "arcas", espaço para os povos se protegerem do dilúvio capitalista. Ao mesmo tempo que essa imagem dialoga com a crise climática, ela abre espaço para uma leitura de descrença nas disputas que possam alterar a produção desse cataclismo. Davi Kopenawa Yanomami vem afirmando que o aumento desenfreado da destruição produzida pelo capitalismo faz com que não haja nenhum lugar seguro para se refugiar. Seja nas cidades ou nas florestas, o céu cairá sobre a cabeça de todos. Desse modo, seria possível pensar ações políticas produzidas por esses territórios-refúgios que apontem para além de si mesmos? Ações com potência de intervir sobre este mundo, o qual caminha para uma iminente queda do céu?*

**RZ** É evidente que os povos sabem muito mais do que nós. O que é dito por Davi é absolutamente correto. Já não existe algo externo ao material. Além disso, e isso é terrível, a destruição não depende mais apenas do capital, mas daquilo que perturbava Pasolini: a mutação antropológica implicada pelo consumismo. Pretender evitar o colapso é inútil, porque deveríamos convencer a maioria qualificada da população mundial a tomar outro rumo. Impossível. A degradação do ser humano é demasiada para que se mudem os modos de vida sem uma catástrofe. Mais ainda, duvido que uma catástrofe possa nos mudar. Nesse sentido, parece-me que pensamentos como os de Slavoj Žižek não levam a nada, porque não estão amparados na realidade. Refiro-me àquela afirmação de que agora as pessoas vão compreender que não é possível continuar assim. Não, isso não funciona porque o sistema nos confinou, oferecendo-nos uma janela diabólica: a internet.

É a maior droga já inventada. Os que estão fazendo algo diferente são, justamente, os povos que têm "carência" de internet, os que não dependem dela porque têm uma conexão péssima ou inexistente ou porque vivem na natureza, muito superior à tela por nos conectar a nós mesmos, a nossos amigos e companheiros e a todo o mundo, a partir do coração e das emoções. A emoção-natureza, bem como a emoção-amor, é insubstituível, e apenas quando nos amputamos dessa dimensão podemos nos transformar em prisioneiros de algo tão pobre como uma tela.

Durante mais de 25 anos, os zapatistas tentaram fazer isso que vocês dizem: juntar-se a outros para fazer alguma intervenção no cenário político. O resultado, como sabem, é muito pobre. Aqui quero propor algo um pouco distinto ao que diz Davi: é verdade que já não existem lugares seguros, mas podemos criá-los. Se não o fizermos, desapareceremos como espécie — pelo menos como tem sido a comunidade de seres humanos até não muito tempo atrás. Quero dizer que o governo wampis, os territórios da Serra do Padeiro, as autonomias nasa e zapatistas são criações das três últimas décadas, espaços e territórios que não existiam previamente.

Pelo que posso intuir, apenas várias intervenções nessa direção podem criar um conjunto de espaços que serão seguros, não por razões técnicas, mas políticas, pelos laços de confiança e de comunidade que somos capazes de criar. As arcas não são construções fortes, com materiais à prova de bombas ou tsunamis, mas vínculos sólidos para resolver os problemas entre aqueles que estão no território que resiste.

*Persistem no campo das esquerdas na América Latina diversos movimentos e tendências que, a despeito de divergências táticas e estratégicas, têm em comum a rejeição ou a incapacidade de atuar por meio de formas políticas que não desejam unificar, homogeneizar, reduzir as diferenças. Em muitos movimentos sociais, as imagens de "politização" têm a ver com o processo levado a cabo por forças centrípetas externas que seriam capazes de integrar "partes" ao "todo", fazendo com que indivíduos aparentemente desorganizados, demasiado conectados com a "experiência" e as "necessidades", superem sua suposta disfuncionalidade política para assim se tornarem "maiorias". Em seus textos, entretanto, você chama a atenção para a existência de outro modo de pensar e fazer política que passa não por essa reverência ao ideal do "Um", como aponta Pierre Clastres, mas pela potência de ser outro, de produzir diferenças: "um mundo onde caibam muitos mundos", como dizem os zapatistas. Seriam, assim, modos de agir politicamente que não estão apartados do cotidiano; ao contrário, são feitos por meio dele, uma política que não opõe os imperativos da luta à potência de diferenciação da vida, mas faz dessa relação sua maior força. Seria possível pensar esse como um dos mais significativos contrastes nas imaginações revolucionárias hoje? Quais seriam os êxitos mais destacados dos movimentos que não se deixam sequestrar pelo ideal do "Um", pela necessidade de ser Estado, e que poderiam expandir a imaginação revolucionária da esquerda, atualmente tão empobrecida?*

RZ Além de evitar cair no conceito de "Um" — Estado, partido ou exército revolucionário —, acredito que devemos recusar a ideia de "Uma" sociedade. As duas ideias deveriam caminhar juntas. Recusar a unidade e a homogeneização — ambas vão de mãos dadas — implica apostar na diversidade e em um conceito de totalidade diferente do herdado por nós da Europa. São os temas de Aníbal Quijano, que nos fala sobre uma totalidade integrada por partes que não são idênticas, mas heterogêneas. Aqui o conceito de heterogeneidade é tão importante quanto o de totalidade.

Tentarei explicar melhor com exemplos. Em sociedades homogêneas, a totalidade se impõe sobre as partes porque existe apenas uma lógica, pois as partes têm características similares ao todo, a ponto de o todo estar nas partes, e estas são partes da totalidade. Mas em Nossa América Latina, onde temos enorme heterogeneidade histórica (povos oriundos de vários continentes, com histórias diversas) somada à heterogeneidade estrutural (cinco relações de trabalho, quatro delas não salariais), a totalidade não é capaz de refletir essa diversidade. Nem mesmo os Estados plurinacionais, que estão armados sobre a matriz estatal, adornada com cores diversas.

Por isso, como afirma Quijano, a revolução não pode consistir na saída de uma totalidade (capitalismo) do cenário social para dar lugar a outra totalidade (socialismo, digamos). Isso não funciona, nem pode funcionar. "Os processos de mudança não podem consistir na transformação de uma totalidade historicamente homogênea em outra equivalente, seja gradual ou contínua, seja por saltos ou rupturas", diz o sociólogo peruano.

Isso é o que vemos nos feminismos e o que vivi em Chiapas. É evidente que o mundo das mulheres muda, mas de maneira muito heterogênea. É impossível que todas as mulheres, de todos os setores sociais, geográficos, de faixas etárias e dos diversos povos, movam-se para a mesma direção. Seria preciso impor a mudança, como foi feito na União Soviética. As mulheres mapuche têm uma história, e as operárias, outra, com relações familiares muito diferentes, e relações sociais e com o meio bastante distintas e até contraditórias.

Nas comunidades zapatistas, predomina a heterogeneidade. É muito difícil encontrar uma comunidade em que todas as famílias sejam zapatistas. Ali a questão é como se relacionam com os que são pró-governo ou indiferentes, ou evangélicos, ou seja o que for. Além disso, cada povo maia, em cada geografia, encara as coisas de modo distinto, mesmo que seja zapatista.

Em síntese: continuamos a ser demasiado eurocêntricos, demasiado "Um", pensando ser ainda possível falar na América Latina como uma sociedade da qual todos nos sentimos parte. Que isso aconteça depois de cinco séculos pode ser desmoralizante, triste ou o que queiram, mas a realidade é irredutível.

**Referência**

ZIBECHI, Raúl. *De multitud a clase: formación y crisis de una comunidad obrera, Juan Lacaze (1905-2005)*. Montevidéu: Ediciones Ideas, 2006.

# O MAS COMO FORMA DE DOMINAÇÃO

Publicado em *La Jornada*, 31 out. 2014.

Enquanto segurava o Prêmio Tata Vasco 2014, entregue pela Universidade Ibero-Americana de Puebla à organização Fuerzas Unidas por Nuestros Desaparecidos en México [Forças unidas por nossos desaparecidos no México] (Fundem), um dos poucos homens do grupo de 25 familiares que foram ao ato gritou: "Isto é uma guerra!". A dor inimaginável dos familiares obriga a olhar de frente e sem rodeios para a realidade que sofrem.

De fato, há uma guerra contra os povos. Uma guerra colonial para se apropriar dos bens comuns, pressupondo a aniquilação daquelas parcelas da humanidade que são obstáculo para o roubo desses bens, seja porque vivem sobre eles, porque resistem a ser espoliados, seja simplesmente porque sobram, no sentido mais cruel de serem desnecessários para a acumulação de riqueza.

Trata-se de uma guerra colonial, além disso, pelo tipo de violência utilizado. Não apenas se assassina; decapita-se e desmembra-se para lançar as partes à vista da população, como castigo e advertência. Para infundir medo. Para paralisar, impedir qualquer reação, em particular as ações coletivas.

No século XVIII, Túpac Amaru foi obrigado a presenciar a tortura e o assassinato de seus dois filhos mais velhos e de sua esposa, além de outros familiares e amigos. Antes de morrer, foram torturados, cortaram-lhes a língua, um símbolo cabal do que realmente incomodava os conquistadores.

O filho caçula, de apenas dez anos, foi obrigado a presenciar a tortura e a morte de toda a família, para depois ser desterrado para a África. A cabeça de Amaru foi colocada em uma lança exibida em Cusco e depois em Tinta, os braços e as pernas foram enviados a cidades e povoados para servir de exemplo a seus seguidores. Também no século XVIII, o líder aimará Túpac Katari e seus aliados sofreram mais ou menos os mesmos tormentos, e seus restos foram também espalhados pelo território do que hoje é a Bolívia.

Não é nova a crueldade dos novos conquistadores. Antes a intenção era se apoderar do ouro e da prata; agora, os motivadores são a mineração a céu aberto, as monoculturas e as hidrelétricas. No fundo, porém, trata-se de manter os de baixo em silêncio, submissos e quietos.

O massacre é a genealogia que diferencia nossa história e a europeia. Aqui as formas de disciplinamento não foram nem o panóptico nem a *satanic mill*,[1] a "fábrica diabólica" da Revolução Industrial e a exploração capitalista, retratada pelo poeta William Blake e estudada com rigor por Karl Polanyi. O cercamento dos campos a partir do século XVI na Inglaterra, uma revolução dos ricos contra os pobres, é analisado como a ruptura dos velhos direitos e costumes pelos senhores e nobres, "às vezes pela violência, às vezes por pressão e intimidação" (Polanyi, 1989, p. 71 [2000, p. 53]).

Na América Latina, a violência foi, e é, a norma, o modo de eliminar os rebeldes (como em Santa María de Iquique, no Chile, em dezembro de 1907, quando foram massacrados

---

[1] A expressão *dark satanic mill* [sombrias fábricas diabólicas] foi usada em um poema do inglês William Blake para se referir aos primeiros galpões da Revolução Industrial, onde se viram forçados a trabalhar os camponeses cujas terras comunais foram cercadas/expropriadas (Polanyi, 1989).

3,6 mil mineiros em greve). É o modo de advertir os de baixo de que não devem se mover do lugar que lhes foi determinado. Aqui temos tido, e temos, escravidão; nada parecido ao trabalhador livre que promoveu o desenvolvimento do capitalismo europeu ao roubar as terras dos camponeses. Note-se que, nas guerras de independência entre *criollos*[2] e espanhóis, os insurgentes retidos pelos realistas não foram torturados. Os religiosos mexicanos Miguel Hidalgo e José María Morelos, para mencionar destacados rebeldes *criollos*, foram julgados e depois fuzilados, como se fazia na época com os prisioneiros de guerra. Somente a cor da pele explica o tratamento diferenciado dado a Túpac Katari e Túpac Amaru, bem como a todos os indígenas, negros e mestiços da Nossa América.

Não é história. No Brasil democrático, a organização Mães de Maio contabiliza, entre 1990 e 2012, 25 massacres, todos de negros e pardos, como o que deu origem à sua militância: em maio de 2006, no contexto da repressão ao Primeiro Comando da Capital (PCC) de São Paulo, foram assassinados pela polícia 498 jovens pobres, do sexo masculino, de 15 a 25 anos, entre as dez da noite e as três da madrugada.

O narcotráfico é a desculpa. Mas o narcotráfico não existe. São os negócios que fazem parte dos modos de acumular/roubar da classe dominante. Não estamos diante de excessos policiais esporádicos, mas de um modelo de dominação que faz do massacre o meio de atemorizar as classes populares para que não saiam do roteiro escrito pelos de cima, que eles chamam de democracia: votar de tempos em tempos e deixar-se roubar e assassinar no resto dos dias.

---

2 *Criollo* é o termo que designa os descendentes de europeus nascidos nos territórios coloniais da América espanhola. [N.T.]

A pior coisa que podemos fazer é não olhar a realidade de frente, agir como se a guerra não existisse porque ainda não nos atacaram, porque ainda sobrevivemos. O massacre é contra todos e todas. É fato que existe uma parcela que pode, sim, se expressar livremente — manifestar-se, inclusive — sem ser aniquilada. Desde que não saia do roteiro, não questione o modelo. Analisando bem, nós, que podemos nos manifestar com o rosto descoberto, somos comparáveis aos *criollos* das guerras da independência, os que podem esperar uma morte digna, como Hidalgo e Morelos.

Mas a questão é outra. Se queremos de verdade que o mundo mude sem usar a resistência dos de baixo para subirmos, como fizeram os *criollos* nas repúblicas, não podemos nos conformar em maquiar a realidade. Trata-se de adotar outras rotas. Um bom começo talvez seja acompanhar os passos dos seguidores de Amaru e Katari. Reconstruir os corpos despedaçados para reiniciar o caminho, ali onde o combate foi interrompido. É um momento místico: olhar o horror de frente, trabalhar a dor e o medo, avançar de mãos dadas, para que as lágrimas não turvem nossa jornada.

### Referência

POLANYI, Karl. *La gran transformación: crítica del liberalismo económico*. Trad. Julia Várela & Fernando Álvarez-Uría. Montevidéu: La Piqueta, 1989. [Ed. bras.: *A grande transformação: as origens da nossa época*. Trad. Fanny Wrobel. Rio de Janeiro: Campus, 2000.]

# GENOCÍDIO NO HAITI: A RESPONSABILIDADE LATINO-AMERICANA

Publicado em Americas Program, 26 mar. 2007.

# CÍDIO

Os governos progressistas da América do Sul (Argentina, Brasil, Bolívia, Chile e Uruguai) têm responsabilidade direta na guerra contra os pobres que a Organização das Nações Unidas (ONU) está perpetrando no Haiti.

Dois dias antes da véspera do Natal, em 22 de dezembro, às três da manhã, quatrocentos soldados sob o comando de oficiais brasileiros atacaram com tanques blindados Cité Soleil, bairro de Porto Príncipe, apoiados por helicópteros que disparavam contra a atemorizada população refugiada em moradias precárias. A desculpa foi combater "os grupos criminosos" que atuam no bairro, mas a intervenção dos soldados da Missão das Nações Unidas para a Estabilização do Haiti (Minustah, ou capacetes azuis) deixou entre trinta e setenta mortos, segundo fontes diversas.

Mulheres e crianças foram assassinadas em casa enquanto dormiam. A Agência Haitiana de Notícias assegurou que as vítimas eram inocentes, e o coordenador da Cruz Vermelha, Pierre Alexis, disse que os soldados da ONU impediram a entrada de seus veículos para dar assistência às crianças feridas.[3]

3 CHIFFLET, Guillermo. "Guerra contra los pobres" [Guerra contra os pobres], *Brecha*, 26 jan. 2007.

Cité Soleil é um bairro imenso de moradias improvisadas onde se amontoam quinhentas mil pessoas, em meio a enormes charcos repletos de água suja e de excrementos humanos e de animais. O ativista de direitos humanos Pierre-Antoine Lovinski sustenta que, "em Cité Soleil, todos os dias os soldados assassinam pobres a troco de nada" e considera que no Haiti tem sido perpetrado um genocídio, definido por ele como "uma guerra contra os pobres".[4] Professor de economia da Universidade do Haiti, Camille Chalmers vai além e assegura, em entrevista à Radio Mundo Real, que, do ponto de vista da segurança, "estamos pior do que antes da intervenção militar". A tragédia haitiana já tem muito tempo, mas o último capítulo começou a ser escrito em fevereiro de 2004, quando Estados Unidos, Canadá e França contribuíram para a queda do presidente legítimo, Jean-Bertrand Aristide, no que pode ser considerado um golpe de Estado em flagrante violação à Carta Democrática da Organização dos Estados Americanos (OEA).

### Tropas latino-americanas

O contingente militar da ONU, comandado pelo Brasil, foi enviado em junho de 2004, quatro meses após o golpe de Estado que derrubou Aristide. Certamente não era a primeira intervenção da ONU na ilha. Em 1994, o Conselho de Segurança autorizou o envio de uma força multinacional de vinte mil soldados — a Missão das Nações Unidas no Haiti (Minuha) — para facilitar o retorno de Aristide,

---

4 CHIFFLET, *op. cit.*

que havia sido derrubado pela primeira vez em 1990. Ele tinha sido eleito presidente naquele mesmo ano, com 67% dos votos, nas primeiras eleições democráticas celebradas na ilha. Uma das principais diferenças entre as duas intervenções é a forte implicação da esquerda latino-americana na Minustah. As tropas enviadas por países governados pela esquerda regional foram decisivas tanto entre as forças de ocupação como em seu comando.

Em fevereiro de 2001, realizaram-se novas eleições presidenciais, boicotadas pela oposição. Aristide venceu com grande margem, mas a participação foi muito baixa, oscilando entre 20% e 30% dos eleitores. O novo governo nunca desfrutou de estabilidade: a sociedade civil mobilizada exigiu a renúncia por sua tendência autoritária. A oposição e os grupos armados tentaram desestabilizá-lo, até que em fevereiro de 2004 se expandiu um movimento armado a partir da cidade de Gonaïves, que logo ameaçou se disseminar por todo o país. Nessa conjuntura singular, os Estados Unidos, com o apoio do Canadá e da França, forçaram a saída de Aristide — os fuzileiros navais o "levaram" ao aeroporto para que deixasse o país.

Em março, o então secretário-geral da ONU Kofi Annan recomendou a criação de uma força multinacional de estabilização. Em 30 de abril, o Conselho de Segurança adotou a Resolução 1.542, que criou a Minustah. Começou nessa data o envio do contingente brasileiro a Porto Príncipe (1,2 mil efetivos, o mais numeroso), enquanto as forças de Canadá, França e Estados Unidos na ilha se integraram à missão comandada a partir de então pelo Brasil. Pouco depois, a Argentina decidiu enviar mais de quinhentos efetivos, o Chile fez o mesmo, e o Uruguai foi ampliando sua presença até contar com 750 militares na ilha. Os países do Mercosul forneceram mais de 40% do total de efetivos da Minustah.

A partir do momento em que chegaram as Forças Armadas dos países com governos progressistas e de esquerda, registraram-se ao menos três massacres em Cité Soleil. O primeiro foi em 6 de julho de 2005, quando tropas brasileiras e policiais haitianos dispararam contra a população, causando 23 mortes, embora outros relatos elevem a cifra para 26. Semanas depois, dois ativistas estadunidenses vinculados ao Haiti Action Committee [Comitê de ação para o Haiti] — David Welsh, de Berkeley, e Ben Terrell, de San Francisco — comprovaram em Cité Soleil o modo como operam os soldados da Minustah. "Disparavam na direção da rua e do interior das casas", assegura Welsh. "Dizem que a população dos bairros dispara primeiro. Não foi o que vimos e não é o que nos contaram aqui. As chamadas 'forças de paz' da ONU estão desempenhando um papel muito destrutivo", aponta Terrell.[5]

O segundo massacre, ocorreu em 22 de janeiro de 2006. O terceiro, em 25 de janeiro de 2007, quando tropas brasileiras apoiadas por efetivos bolivianos, uruguaios e chilenos realizaram uma operação em Cité Soleil, com um saldo de cinco mortos. Nos três casos, não houve feridos da Minustah, e sim o registro de mortos haitianos que as forças de ocupação consideraram sempre "bandidos". Trata-se de um padrão de conduta contra a população pobre de um bairro onde o partido Fanmi Lavalas, que sustenta Aristide, tem grande apoio entre a população. No início de 2006, a *Folha de S.Paulo* entrevistou soldados brasileiros que estiveram no Haiti entre dezembro de 2004 e junho de 2005. Os testemunhos falam por si. "Até parece que esse nome [Missão de Paz]

---

[5] SCHERR, Judith. "Haiti: forças 'da paz' brasileiras disparam sobre os pobres", *Resistir*, 8 set. 2006.

é para tranquilizar as pessoas no Brasil. Na verdade, não há dia em que as tropas da ONU não matem um haitiano em troca de tiros. Eu mesmo, com certeza, matei dois", admite um soldado que mostra fotografias de cadáveres lançados nas ruas de Cité Soleil, devorados por cachorros.[6]

### Perguntas simples, respostas difíceis

Fizemos até aqui um brevíssimo relato de fatos graves, os quais confirmam que os capacetes azuis da ONU violam os direitos humanos e matam pessoas inocentes no Haiti. A partir dessas constatações, algumas perguntas se impõem. Por que os governos latino-americanos progressistas e de esquerda enviam soldados ao Haiti? Por que a população desses países não reage contra o genocídio que "seus" soldados estão perpetrando? Responder a essas perguntas supõe abordar três aspectos: a geopolítica militar regional impulsionada pelo Brasil; o papel das esquerdas, no governo; e, por fim, a relação entre a política externa e a interna.

Em aliança com boa parte dos países da região, o Brasil vem incentivando a criação de Forças Armadas sul-americanas, um projeto apelidado como a "Otan sul-americana". O coronel brasileiro Oliva Neto — responsável pelo planejamento estratégico da presidência — revelou em novembro de 2006 que a cooperação militar sul-americana faz parte de um dos projetos do Sistema de Defesa Nacional para "impedir uma aventura militar ou a pressão de algum país sobre

---

[6] CAPRIGLIONE, Laura & BERGAMO, Marlene. "Soldados revelam o horror da vida no Haiti", *Folha de S.Paulo*, 29 jan. 2006.

a região ou sobre alguma nação sul-americana".[7] Trata-se da defesa dos recursos naturais do território e, mais concretamente, da Amazônia, tarefa prioritária para as Forças Armadas brasileiras. Oliva Neto lembra que o continente conta com "um nível respeitável de petróleo, a maior reserva de água do planeta e uma rica biodiversidade", o que torna necessário colocá-lo em primeiro plano, já que, acredita ele, "existe uma tendência a médio prazo de risco de pressão internacional sobre a América do Sul, por meio da área militar". Ele argumentou que, quando se tornar mais aguda a escassez de energia, água e matérias-primas, e "fora da América do Sul [essa escassez] comece a gerar estresse internacional, outros países poderiam voltar seus olhos para a nossa região".

Considera-se que a missão militar da ONU no Haiti pode ser uma prévia do que será a força militar sul-americana. Ou, para todos os efeitos, um laboratório tanto para a direção de tropas internacionais como para a coordenação dos contingentes regionais. O sucesso da missão seria um trunfo para o Brasil na criação das Forças Armadas sul-americanas — que, na prática, viriam a completar a unidade político-econômica que se almeja construir com a Comunidade Sul-Americana de Nações.[8] Em paralelo, argumenta-se que assumir o comando da Minustah seria uma forma de impor limites ao hegemonismo estadunidense na América Latina e buscar uma projeção internacional que legitime as aspirações brasileiras de ocupar um assento permanente no Conselho de Segurança da ONU.

---

7 ZIBECHI, Raúl. "Hacia las fuerzas armadas sudamericanas" [Rumo às Forças Armadas sul-americanas], *La Jornada*, 2 dez. 2006.
8 Posteriormente chamada de União de Nações Sul-Americanas (Unasul). [N.T.]

A segunda questão tem a ver com o papel das esquerdas do continente: elas mudaram de opinião em muito pouco tempo.

Vejamos apenas um exemplo, o do Uruguai. Em julho de 2004, quando o Senado uruguaio deveria decidir sobre o envio de tropas à ilha, o então senador e atual chanceler Reinaldo Gargano foi categórico ao se opor ao envio de tropas defendido pelo presidente Jorge Batlle: "As forças de paz darão aval a um usurpador do poder e enfrentarão situações perigosas". O senador Eleuterio Fernández Huidobro foi mais longe ao comparar a situação no Haiti à do Iraque. "Os Estados Unidos lançam a guerra e depois chamam a ONU para arrumar as coisas. No Haiti é a mesma coisa: os Estados Unidos fomentaram a derrubada de Aristide e agora pretendem que outros resolvam o problema", disse, quando era oposicionista. Apenas um ano depois, a esquerda uruguaia no governo decidiu apoiar a Minustah e aumentar o contingente na ilha. Somente um deputado, o veterano socialista Guillermo Chifflet, teve a coragem de deixar sua bancada antes de avalizar com seu voto uma guinada humilhante.

O que aconteceu no Uruguai é quase um decalque do ocorrido em outros países. Não houve debate sério e profundo sobre a missão da ONU, e as esquerdas e os progressistas limitaram-se a oferecer fatos consumados, mesmo sabendo que em pouco tempo haviam mudado radicalmente de posição, apenas pelo fato de estar no governo.

A terceira questão é um pouco mais complexa. Em meados de fevereiro de 2007, as agências difundiram a foto de um soldado negro, ameaçador, apontando o fuzil para a cabeça de uma mulher, também negra, que protestava contra a ação militar. Poderia ser um soldado brasileiro em Cité Soleil ou em qualquer lugar do Haiti. Mas não. Era uma operação militar nas favelas do Rio de Janeiro, com a desculpa do combate aos "bandidos". As peças soltas começam a ganhar sentido. O pesquisador argentino Juan Gabriel Tokatlian, da Universidade de San Andrés, se faz a mesma pergunta sobre a missão dos governos progressistas no Haiti: "É um ensaio prévio para o que poderia ocorrer com a participação das Forças Armadas no combate ao narcotráfico nas favelas do Rio de Janeiro?".[9]

Parece obrigatório estabelecer um vínculo entre os dois fatos. O fio que os une é a guerra contra os pobres, camuflada como combate ao narcotráfico e ao crime e em defesa da democracia.

Longe de ser uma missão humanitária, a presença dos capacetes azuis no Haiti é um fato político com objetivos políticos — que não são outros a não ser impedir a expressão independente dos haitianos, sobretudo dos pobres de bairros como Cité Soleil, os quais apoiam o movimento Lavalas, de Aristide. O massacre de 6 de julho de 2005 foi considerado pelo Haiti Information Project [Projeto de informação do Haiti] (HIP) como "um ataque preventivo da ONU e das elites opulentas do Haiti para sufocar o impacto dos protestos que estavam programados para o dia do aniversário de Aristide, que ocorreria nove dias depois, em 15 de julho". O segundo massacre teve um padrão similar.

> Em 16 de dezembro, vimos outra grande manifestação de apoio a Aristide iniciada em Cité Soleil, e seis dias depois a ONU levaria a cabo um ataque mortífero, que, segundo moradores e grupos de defesa dos direitos humanos, provocou uma grande matança de vítimas inocentes.[10]

9 TOKATLIAN, Juan Gabriel. "El desacierto de enviar tropas a Haití" [O erro de enviar tropas ao Haiti], *Página 12*, 13 jun. 2004.
10 PINA, Kevin. "La verdad que la ONU calla acerca de las pandillas en Haití" [A verdade que a ONU esconde sobre as gangues no Haiti], *Rebelión*, 18 fev. 2007.

## Modificar o mapa político

O diretor do Institute for Justice and Democracy in Haiti [Instituto para a justiça e a democracia no Haiti], Brian Concannon, assinala que "é difícil não notar uma relação entre as grandes manifestações ocorridas em Cité Soleil e os bairros escolhidos pela ONU para realizar extensas operações militares".[11] O castigo imposto pelas tropas da ONU vai mais além. Os helicópteros destruíram caixas-d'água, e a população precisa caminhar quilômetros para encher um balde. Segundo o HIP, a Minustah tem caminhões-pipa, mas entrega a água a especuladores privados que a revendem à população pobre, que não tem recursos para comprá-la. Apesar disso, em 7 de fevereiro de 2007, mais de cem mil pessoas se manifestaram por todo o Haiti, exigindo o fim da Minustah e o retorno de Aristide. Tudo indica que a ONU decidiu lançar mão da força militar para modificar o mapa político, sem consegui-lo, agravando a situação de instabilidade.

Se o Carnaval fosse um termômetro para medir a opinião das pessoas, tudo indica que a imensa maioria dos haitianos repudia os capacetes azuis da ONU. Os alvos mais populares são justamente a Minustah e os burocratas internacionais. Não é para menos. Prêmio Nobel da Paz, Adolfo Pérez Esquivel denunciou em 2005, em Porto Príncipe, que o primeiro ano da ocupação dos capacetes azuis deixou 1,5 mil mortos. Diversos testemunhos acusam as Forças Armadas do Brasil de violação aos direitos humanos. A coordenação

---

[11] VIVAS, José Luis. "Naciones Unidas pretende instaurar el modelo de las *favelas* para acabar con la resistencia popular" [ONU pretende implantar o mesmo modelo de ação militar nas favelas para acabar com a resistência popular], *Rebelión*, 12 fev 2007.

latino-americana do Servicio de Paz y Justicia [Serviço de paz e justiça](Serpaj), Ana Juanche, assinala:

> A Minustah estava presente para consolidar os processos de pacificação, mas está formando a polícia, treinando-a e acompanhando-a na resolução de casos de violência, reprimindo manifestações, retirando mortos dos bairros. Eu vi a petulância com que a Minustah se instala e circula pelas ruas, enxotando as pessoas, desviando o trânsito pelo simples fato de eles passarem.[12]

Mas é a leitura dos porquês o que mais interessa. Ainda de acordo com Ana Juanche:

> A presença da ONU é uma nova humilhação, uma nova oportunidade que se nega aos haitianos de determinar seu próprio destino. Uma grande parcela da população sustenta que era o povo que estava reivindicando a saída de Aristide, o qual havia perdido grande parte de sua popularidade pelas sérias violações aos direitos humanos que patrocinou. Eram os haitianos que buscavam uma saída e, quando Aristide estava prestes a cair, vieram os Estados Unidos e o levaram. Esse setor acredita que lhes foi negado o protagonismo como ator político, e concebe a Minustah como uma nova negação do direito de autodeterminação.

Nos bairros de Porto Príncipe, como nas favelas do Rio de Janeiro e de São Paulo, nos bairros populares de Bogotá e Medellín, está sendo travada uma guerra contra os pobres

---

12 PORLEY, Carolina. "Un callejón sin aparente salida" [Um beco aparentemente sem saída], *Brecha*, 17 jun. 2005.

que não tem a menor intenção de superar a pobreza, mas de impedir que eles se organizem e resistam. O urbanista Mike Davis, que tem estudado as mudanças urbanas nas cidades dos Estados Unidos, sustenta que o fenômeno das periferias urbanas "tem despertado também o interesse dos analistas militares do Pentágono, que consideram essas periferias labirínticas um dos grandes desafios com que se depararão no futuro as tecnologias bélicas e os projetos imperiais". Nessas periferias, prossegue Davis, "na última década, os pobres têm se organizado em grande escala, seja em um bairro de Bagdá, como cidade Sadr, seja em Buenos Aires".[13] Se o Pentágono está agora obcecado com a arquitetura e o planejamento urbano, é porque tem a amarga experiência de que nessas periferias a superioridade militar não é nada. É na guerra contra os pobres urbanos que as estratégias de George W. Bush e de alguns governos progressistas da América do Sul dão as mãos.

---

13 DAVIS, Mike. "Los suburbios de las ciudades del Tercer Mundo son el nuevo escenario geopolítico decisivo" [As periferias das cidades do Terceiro Mundo são o novo cenário geopolítico decisivo], *Rebelión*, 8 jan. 2007.

# LIBE MUNDO NOVO QUE PULSA NO CORAÇÃO DOS MOVIMENTOS

Publicado em *Kavilando*, v. 6, n. 1, p. 7-14, jan.-jun. 2014.

Na América Latina, os movimentos antissistêmicos apresentam algumas peculiaridades com relação aos do Primeiro Mundo, além de diferenças no que diz respeito às análises que a sociologia dos movimentos sociais tem produzido. Essas diferenças podem ser agrupadas em três grandes eixos: as correntes políticas em que os movimentos se inspiram; suas principais características; e as tradições que influenciam sua conformação. É a partir deles que podemos estabelecer uma definição de movimentos alternativos e antissistêmicos neste continente.

No primeiro eixo, quatro grandes correntes políticas de resistência social e cultural, nascidas nesta região, configuram a estrutura ideológica e cultural dos grandes movimentos: as comunidades eclesiais de base, vinculadas à Teologia da Libertação; a insurgência indígena, portadora de uma cosmovisão distinta da ocidental; a educação popular; e o guevarismo, inspirador da militância revolucionária. Essas correntes de pensamento e ação estão presentes em quase todos os movimentos importantes, dando lugar a uma espécie de mestiçagem, sendo esta um de seus diferenciais. No entanto, essas correntes não apenas nasceram na América Latina: encontramo-nas somente aqui, pelo que podemos dizer que, na segunda metade do século XX, afirmaram uma personalidade diferenciada e diferente, sobre a qual vêm sendo erigidas pautas emancipatórias heterogêneas em relação às herdadas das tradições eurocêntricas.

A Teologia da Libertação, como corrente de pensamento e ação comprometida com os pobres e ligada à prática das comunidades eclesiais de base, forneceu um olhar crítico sobre a realidade dos oprimidos ao enfatizar os dois componentes da pobreza: a exploração e a opressão. Desse modo, contribuiu para superar o economicismo hegemônico no pensamento crítico até meados do século XX. Ela fomentou ainda o compromisso de resolver os problemas sociais coletivamente, por meio da organização popular. Presentes em todo o continente, as comunidades eclesiais de base tiveram papel significativo na inspiração de movimentos de trabalhadores rurais sem-terra, de indígenas e daqueles na pobreza urbana, bem como na formação de importantes partidos de esquerda.

As cosmovisões indígenas são opostas às ocidentais, em particular nos modos distintos de encarar a relação com o meio ambiente e entre as pessoas — ou seja, a relação sujeito/objeto é enriquecida pela existência de uma pluralidade de sujeitos em um mundo onde não existem objetos. As nações indígenas e suas culturas oferecem alternativas à crise civilizatória e ambiental em curso, na qual o individualismo hegemônico no mundo capitalista se dissolve nas lógicas comunitárias. As comunidades indígenas são uma parte central do contingente anticapitalista e antissistêmico, tendo em Chiapas e na Bolívia alguns de seus segmentos mais robustos e ativos. Em paralelo a isso, as formas de vida e as subjetividades existentes em milhares de comunidades indígenas em todo o continente podem ser uma poderosa base para avançar rumo a uma sociedade sem classes, mais igualitária e horizontal que as que conhecemos.

A educação popular formulada por Paulo Freire se arraigou como o meio de conhecimento dos setores populares organizados, facilitou a autoaprendizagem a partir das capacidades já existentes nas culturas populares e teve papel determinante na consolidação da autoestima dos dominados. Suas metodologias têm se estendido a quase todos os movimentos, sendo de suma importância na formação de intelectuais dos próprios setores populares.

O guevarismo pode ser definido como o compromisso ético e militante com os de baixo, seguindo a tradição do revolucionário argentino Ernesto Che Guevara. A potência ética e política do exemplo de sua vida tem levado gerações de ativistas a lutar para mudar o mundo sem esperar nada em troca e fortalecido o pensamento crítico, que, unido ao princípio de colocar o corpo junto às ideias, tem modificado a relação de forças no continente em favor dos de baixo.

No segundo eixo, os movimentos latino-americanos apresentam várias características comuns, para além das particularidades de cada um deles, que os diferenciam daqueles existentes no Norte. Boa parte dessas semelhanças deriva da territorialização dos movimentos, ou seja, de seu enraizamento em espaços físicos recuperados ou conquistados por meio de prolongadas lutas, abertas ou subterrâneas. É a resposta estratégica dos pobres à crise da velha territorialidade da fábrica e da fazenda e à reformulação por parte do capital dos velhos modos de dominação. O enraizamento territorial é a trajetória percorrida, por exemplo, pelos trabalhadores sem-terra, por meio da criação de uma infinidade de pequenas ilhas autogeridas; mas também pelos indígenas de todo o continente, que vêm expandindo suas comunidades até reconstruir seus territórios ancestrais tomados pelos colonizadores e fazendeiros.

Essa estratégia, surgida no meio rural, começou a se impor entre as parcelas de desempregados e trabalhadores informais urbanos que criaram assentamentos nas periferias das grandes cidades, por meio da tomada e da ocupação de imóveis. Em cidades inteiras, como El Alto e Oaxaca, os setores populares têm criado micropoderes territoriais locais, paralelos aos estatais, a partir dos quais asseguram a sobrevivência cotidiana e com base nos quais lançaram desafios inéditos às elites. Em muitas cidades do continente, destacando-se Caracas, Buenos Aires, Santa Cruz de la Sierra e Lima, têm sido construídos espaços autocontrolados pelos pobres urbanos que representam — ressalvadas as dimensões — experiências tão ricas como as praticadas pelos indígenas e pelos sem-terra em seus territórios comuns.

O resultado é que, em todo o continente, vários milhões de hectares têm sido recuperados ou conquistados pelos pobres. Em seus territórios, eles praticam formas de vida nas quais muitas vezes predominam relações sociais não capitalistas, já que o controle territorial — muito diferente dos espaços estudados por Henri Lefebvre — lhes permite viver de outro modo: trata-se de um mundo de valores de uso em vez de valores de troca. Grandes movimentos, como os indígenas de México, Bolívia, Equador, Peru, Chile e outros países, além dos trabalhadores rurais e de algumas periferias urbanas, exibem em seus territórios projetos de grande fôlego, entre os quais se destaca a capacidade de produzir e reproduzir a vida. A experiência dos *piqueteros*[14] argentinos foi muito significativa, pois se trata de um dos primeiros casos nos quais um movimento urbano coloca a produção material em lugar de destaque.

A busca por autonomia é uma segunda questão em comum; desenvolveu-se primeiro entre os indígenas, mas é vista cada

---

14 Movimento de trabalhadores desempregados criado em meados da década de 1990 na Argentina, cuja forma de protesto é a instalação de barreiras (piquetes) em lugares estratégicos. [N.E.]

vez mais entre trabalhadores rurais e nos setores populares urbanos da América Latina.

Há certamente graus distintos de autonomia, que dependem muito do desenvolvimento da capacidade de se somar à autonomia política a material, sempre mais próxima daqueles sujeitos que vivem em zonas de escassa presença estatal onde podem assegurar a sobrevivência ao contar com terra própria. No terreno das autonomias, a experiência zapatista é sem dúvida a mais avançada do continente, provavelmente do mundo, já que mostra a possibilidade de construir poderes não estatais (sem burocracia permanente e separada da comunidade), de baixo para cima, com base na rotação que permite ao conjunto do corpo social se apropriar dos poderes coletivos.

A terceira questão é que os movimentos estão assumindo a educação e a formação dos próprios integrantes e equipes dirigentes, com critérios pedagógicos próprios frequentemente inspirados na educação popular e nas tradições rurais e indígenas. Os movimentos têm sido capazes de pôr em pé milhares de escolas, dezenas de centros de educação secundária e universidades. Tomar a educação em suas mãos foi um longo processo diante do abandono estatal, mas, em paralelo, foi também uma necessidade na hora de aprofundar a identidade diferenciada de cada sujeito coletivo. Ficou para trás o tempo em que intelectuais alheios ao movimento falavam em seu nome.

O destacado papel das famílias — e, nelas, o das mulheres — é o quarto traço compartilhado pela maior parte dos movimentos antissistêmicos latino-americanos. Quase todos são movimentos e famílias, não a família nuclear tradicional de classe média urbana, mas famílias extensas, integradas em comunidades rurais e em bairros de zonas populares urbanas. As famílias são unidades domésticas que cumprem funções múltiplas, entre elas as econômicas e as de pertencimento. O fato de se tratar de movimentos familiares significa que, na maioria das vezes, a adesão não é individual, e sim coletiva, familiar-comunitária. As mulheres têm um papel importante nesses movimentos, não tanto por ocupar lugares em estruturas formais e hierárquicas, mas pela importância decisiva no cotidiano da organização, como ficou patente nas experiências de El Alto e Oaxaca em 2003 e 2006, respectivamente. Essa é apenas a face visível de um fenômeno muito mais profundo: as novas relações estabelecidas entre os gêneros nas organizações sociais e territoriais que emergiram a partir da reestruturação do campo popular nas últimas décadas.

Por fim, os movimentos tendem a se dotar de uma organização mais flexível e menos hierárquica, na qual as diferenças entre direção e base aparecem atenuadas, e também mais informal e menos institucionalizada que as outrora hegemônicas na época da primazia do movimento sindical. As formas de organização dos movimentos atuais tendem a reproduzir a vida cotidiana, familiar e comunitária, configurando-se muitas vezes em redes de auto-organização territorial. Na Bolívia, o levante aimará de setembro de 2000 mostrou a organização comunal como ponto de partida e suporte da mobilização, sem que houvesse a necessidade de se dotar de órgãos especializados e separados para dirigi-la. Algo similar ocorreu com a Asamblea Popular de los Pueblos de Oaxaca [Assembleia popular dos povos de Oaxaca] (APPO) durante o período em que ela controlou a cidade.

De todas essas características, as novas territorialidades criadas pelos movimentos são o traço diferencial mais importante (com relação aos velhos movimentos e aos atuais movimentos do Primeiro Mundo), porque esses territórios são os espaços em que se constrói coletivamente uma nova organização da sociedade.

Os territórios dos movimentos são espaços nos quais os excluídos garantem a sobrevivência diária. Isso significa que agora os movimentos estão começando a tomar nas próprias mãos a vida cotidiana de seus integrantes. Passaram a ser produtores, e isso representa um dos maiores êxitos dos movimentos nas últimas décadas, pelo que supõe em termos de autonomia e de capacidade de criar um mundo novo, distinto do hegemonizado pelo capital.

No terceiro eixo, as tradições que influem nos movimentos são plurais, ou seja, não se inscrevem exclusivamente na tradição emancipatória ocidental, e sim, de modo significativo, nas tradições revolucionárias indígenas e populares latino-americanas. As tradições ocidentais de cunho marxista, anarquista e social-democrata formam parte de um paradigma racional, em sintonia com o Iluminismo, centradas no conceito de cidadão e nos direitos humanos individuais. Diferentemente dos processos encabeçados pelos *criollos*, os indígenas têm se inspirado nas próprias tradições.

As revoluções pan-andinas de 1780, encabeçadas por Túpac Amaru e especialmente por Túpac Katari, não se inspiraram na Revolução Francesa nem na haitiana e pertencem a uma genealogia distinta dos processos que promoveram as independências *criollas*. Os rebeldes sustentaram suas demandas e ações nas próprias tradições comunitárias, nas práticas de assembleias, descentralizadas, e no tradicional sistema de cargos rotativos ou por turnos.

Quero dizer que existe uma genealogia rebelde e emancipatória não ilustrada nem racionalista que, embora não tenha merecido maior atenção da academia ou dos partidos de esquerda, está na raiz do pensamento e das práticas "outras" de uma parcela substancial dos oprimidos deste continente. Essas genealogias outras se plasmam de algum modo nos conceitos de *Sumak Kawsay*, Bem Viver, ou *Suma Qamaña*,

Viver Bem, que os Kíchwa equatorianos e os Aimará e Quéchua bolivianos fizeram incorporar às novas constituições de seus países. "Vida límpida e harmônica", ou seja, viver de modo a estabelecer uma relação harmoniosa entre os seres humanos e, portanto, entre eles e a natureza, já que não se pode diferenciar entre o modo como as pessoas se relacionam entre si e como o fazem com o espaço em que vivem.

Trata-se de uma ruptura radical com a cultura ocidental, com as ideias de progresso e desenvolvimento, com as propostas de crescimento e consumo ilimitados que não passam da perpétua acumulação de capital e de poder em um polo da sociedade. Mas é também uma ruptura com a modernidade, com o colonialismo e o eurocentrismo. A crise civilizatória que vivemos sugere que os instrumentos analíticos com que contamos para compreender a realidade já não são confiáveis, porque são conhecimentos de matriz colonial — como a relação sujeito/objeto na qual estão sustentados — que se limitam a consagrar o atual padrão civilizatório como algo natural e impedem de pensar em formas de viver distintas.

Viver Bem ou Bem Viver é uma arte guiada por princípios e por uma alternativa de vida frente à civilização da morte, não uma lista de exigências que possam ser formuladas como direitos dos cidadãos e deveres do Estado. Uma arte que supõe harmonia com a natureza, considerada uma mãe da qual dependemos e com a qual não podemos estabelecer uma relação de competição ou domínio.

Nos setores populares das cidades é também gestada uma cultura diferente da hegemônica, com forte influência nos movimentos urbanos, que tem sido abordada a partir de diversos ângulos: desde a atuação dos padres argentinos nas favelas até as análises mais acadêmicas dos bairros populares venezuelanos. Eles vêm chamando a atenção para a existência de uma cultura urbana assentada sobre uma potente sociabilidade (ancorada no estar ou "estar sendo") em que a relacionalidade social é determinante e capaz de configurar um modo de vida popular com características muito diversas da sociedade hegemônica, incluindo relações econômicas por fora do mercado.

As tradições indígenas, junto às urbano-populares, das quais fazem parte as culturas afro, as rurais, as cristãs de base e as indígenas, configuram um conjunto de referentes éticos e simbólicos, algo assim como os "usos e costumes" das rebeldias dos de baixo, presentes em muitos movimentos antissistêmicos.

Não se trata da existência de um paradigma emancipatório similar, diferente do ocidental, mas de um substrato de tradições rebeldes, múltiplas e não unificadas, praticadas e não teorizadas, que alimentam os modos e as formas dos insubordinados de hoje em dia. Aliás, os movimentos inspirados nessas tradições não excluem aquelas que os movimentos antissistêmicos herdaram da Revolução Francesa e das revoluções posteriores, mas as enriquecem, assim como estão, em algumas ocasiões, abertos a receber propostas ocidentais. É o caso da libertação das mulheres, tensão que não está presente nas tradições latino-americanas indígenas nem nas urbano-populares.

Pelo contrário, nestas não existe nada parecido à tábula rasa herdada do Iluminismo, nem a separação entre teoria e ação, nem mesmo entre estratégia e tática, uma vez que nas culturas originárias não existe divisão entre meios e fins.

Os três aspectos mencionados permitem que coloquemos em debate o conceito de movimentos sociais, de cunho eurocêntrico. Nos países centrais, os movimentos sociais e antissistêmicos atuam no seio de uma sociedade que pretendem mudar, e seus debates têm se concentrado em como conseguir os objetivos a que se propõem, bem como nas formas de ação e de organização. Na América Latina, podemos observar que os movimentos antissistêmicos estão começando a transformar seus espaços em alternativas ao sistema dominante, por dois motivos: convertem-nos em espaços simultâneos de sobrevivência e de ação política e constroem neles relações sociais não capitalistas. A forma como cuidam da saúde, como se autoeducam, como produzem alimentos e como os distribuem não é uma mera reprodução do padrão capitalista; em uma parcela considerável desses movimentos, vemos a intenção de ir mais longe, colocando em questão, em cada um desses aspectos, as formas de fazer herdadas de lutas anteriores.

Observamos, portanto, que na América Latina não existe "uma" sociedade, mas duas, mais ou menos separadas e diferenciadas, em cuja formação o fato colonial parece ter tido um papel determinante. Nessa fratura atuam os movimentos antissistêmicos mais importantes. O controle territorial que exercem tem sido a pedra angular que lhes permite criar seus pequenos mundos de relações sociais não capitalistas e de poderes não estatais no seio do mundo dos oprimidos. Em cinco séculos, os movimentos dos de baixo têm percorrido um longo caminho: da reapropriação da terra e do espaço à criação de territórios; da criação de subjetividades à constituição de sujeitos políticos novos e diferentes em comparação à velha classe operária industrial sindicalizada e aos partidos que a representavam; da desocupação à criação de ofícios para abrir caminho a economias contestadoras. Esse longo processo não tem sido, a meu ver, alvo de reflexão em toda a sua complexidade, e ainda não descobrimos todas as suas potencialidades.

O aspecto central desse debate é se de fato existe um sistema de relações sociais que se expressam ou se condensam em um território. Isso supõe integrar a análise dos movimentos a partir de outro lugar: não as formas de organização e os repertórios da mobilização, mas as relações sociais, os territórios e a reapropriação dos meios de produção. Nesse tipo de análise aparecerão novos conceitos, entre os quais "autonomia", "comunidade" e "poderes não estatais" são os mais destacados. Porque os movimentos antissistêmicos latino-americanos propõem tanto a superação/destruição do capitalismo e dos Estados-nação quanto uma batalha igualmente importante pela descolonização do pensamento e, particularmente, do pensamento crítico. Nesse sentido, os conceitos de "movimentos sociais" e ainda de "movimentos antissistêmicos" poderiam ser complementados com propostas e debates que têm nascido no calor da última onda de lutas sociais, tais como "movimentos societais" ou "sociedades em movimento". Os dois conceitos buscam dar conta do fato de que, nos processos da última década, o que tem sido posto em movimento são relações sociais diferentes das hegemonizadas pelo capital e pelos Estados — ou seja, não apenas uma parcela da sociedade tem se mobilizado, mas uma sociedade distinta, entremeada por relações sociais não capitalistas.

O que foi dito anteriormente implica modificar nossas hipóteses herdadas acerca da revolução e da mudança social. Ou, melhor ainda, recuperar algumas das mais brilhantes intuições dos fundadores do socialismo, como a delineada por Marx no balanço sobre a Comuna de Paris (1871). As mudanças são produzidas pelos movimentos antissistêmicos, não porque modifiquem somente a relação de forças na sociedade — e eles a modificam de fato —, mas porque neles nascem/crescem/germinam formas de laço social que são a argamassa do mundo novo. Não mais "o" mundo novo, mas embriões dele. Marx assegurava que os operários não têm utopias pré-fabricadas para colocar em prática, nem têm de realizar seus ideais, mas "libertar" os elementos da nova sociedade que a velha sociedade burguesa leva em seu seio. Seu conceito sobre a revolução como parteira da história caminha no mesmo sentido.

Esse mundo "outro" já existe de alguma maneira no seio dos movimentos antissistêmicos. Uma boa prova disso são as Juntas de Buen Gobierno em Chiapas, os assentamentos dos sem-terra no Brasil e as centenas de fábricas recuperadas por operários, para mencionar apenas três exemplos. Aparentemente, os movimentos latino-americanos, como assinalado pelo Subcomandante Insurgente Marcos, do Exército Zapatista de Libertação Nacional (EZLN), estariam experimentando uma nova forma de fazer política, abaixo e a partir de baixo, por fora das instituições estatais que já não pretendem ocupar, embora continuem aspirando destruí-las, para, em linha com Marx, "liberar" (expandir, disseminar) o mundo novo que já pulsa no coração dos movimentos.

## Referências

GARCÍA LINERA, Álvaro. *Sociología de los movimientos sociales en Bolivia*. La Paz: Diakonía/Oxfam, 2004.

MAMANI RAMÍREZ, Pablo. *Microgobiernos barriales en el levantamiento de la ciudad de El Alto*. El Alto: Cades, 2005.

MORENO, Alejandro. *El aro y la trama. Episteme, modernidad y pueblo*. Santiago: Ediciones USCH, 2006.

PORTO-GONÇALVES, Carlos Walter. *Geo-grafías. Movimientos sociales, nuevas territorialidades y sustentabilidad*. Cidade do México: Siglo XXI, 2001.

RIVERA CUSICANQUI, Silvia. *Oprimidos pero no vencidos*. La Paz: Aruwiyiri/Yachaywasi, 2003.

SCOTT, James. *Los dominados y el arte de la resistencia*. Cidade do México: Ediciones Era, 2000.

SUBCOMANDANTE INSURGENTE MARCOS. "I. Arriba, pensar el blanco. La geografía y el calendario de la teoría", Coloquio Aubry, San Cristóbal de las Casas, 13 dez. 2007.

THOMSON, Sinclair. *Cuando sólo reinasen los indios*. La Paz: Aruwiyiri, 2006.

WALLERSTEIN, Immanuel. *Capitalismo histórico y movimientos antisistémicos*. Madri: Akal, 2004.

# PRÓLOGO A LOS ARROYOS CUANDO BAJAN [QUANDO OS RIACHOS BAIXAM]

Publicado em ZIBECHI, Raúl. *Los arroyos cuando bajan: los desafíos del zapatismo*. Málaga: Zambra y Baladre, 2019.

# ARROYOS

Escrevi *Los arroyos cuando bajan* há quase um quarto de século, impregnado pelo fervor e pelo entusiasmo com que havia me contagiado a comunidade de La Realidad, na selva Lacandona, onde estive várias semanas convivendo com bases de apoio e ativistas solidárias. Ainda sinto na pele a emoção que me envolveu em cada dia que passei naquela comunidade e a saudade que senti no momento da partida.

Embora quase 25 anos tenham se passado, sinto exatamente o mesmo cada vez que me aproximo do neozapatismo. Ao retornar aos territórios em que "o povo manda e o governo obedece", voltei a me emocionar, e as lágrimas são o melhor testemunho de um sentimento de profunda comoção. Foi assim durante a Escuelita,[15] e é assim em cada oportunidade em que posso conviver, mesmo que por alguns dias, com o Exército Zapatista de Libertação Nacional (EZLN).

Eu deveria poder explicar de algum modo essa situação tão pouco "normal". O normal é que os entusiasmos iniciais se

---

[15] "Escolinha", literalmente, é como os zapatistas chamam seus centros de formação, os quais recebem pessoas de fora do movimento para aprender os modos de organização e convivência que ali vigoram. [N.T.]

desvaneçam com a passagem dos anos, das décadas. Os mais céticos dirão que é fanatismo. Mas o certo é que, encontro após encontro, tenho conseguido renovar minha simpatia e meu compromisso com o zapatismo. Não vou negar uma tendência à idealização dos processos revolucionários que considero autênticos, um "desvio" que me acompanha desde que tenho memória e que, provavelmente, seja a outra face da recusa à política institucional e realizada a partir de cima.

Tentarei expor as razões de meu entusiasmo pelo zapatismo com argumentos, explicando o que vem emergindo desde aqueles anos ou, se preferirem, o que já existia como embrião, mas que eu não havia sido capaz de interpretar.

---

O primeiro aspecto a destacar é *a consolidação da autonomia*.

A criação das Juntas de Buen Gobierno foi um passo fundamental, já que deu corpo concreto aos três níveis de autonomia (comunitária, municipal e regional). Não conheço nenhuma revolução que tenha criado esses três níveis de poderes autônomos, em que cada um deles funciona com base na eleição pelos povoados e comunidades e no rodízio entre os eleitos.

Para chegar a essa criação coletiva, foi necessário ocorrer algo notável dentro do zapatismo: o exército zapatista deu um passo para o lado, perdendo a capacidade de controlar e dirigir as comunidades, por uma razão estritamente ética. A Sexta Declaração da Selva Lacandona diz, sem rodeios:

> A parte político-militar do EZLN não é democrática, porque é um exército, e vimos que não é bom isso de que esteja acima o

âmbito militar e abaixo o democrático, porque não deve acontecer de o democrático ser decidido militarmente, mas o contrário: ou seja, que acima o campo democrático mande e abaixo o campo militar obedeça. (EZLN, 2005)

Desse modo, separaram a esfera político-militar das organizações autônomas e de autogoverno democrático das comunidades zapatistas, de maneira que as decisões antes tomadas pelo exército "foram passando pouco a pouco às autoridades eleitas democraticamente nos povoados". Não apenas as decisões mas também os trabalhos de vigilância, bem como os contatos no México e no mundo com outras organizações. Duas vitórias importantes merecem destaque: os projetos solidários começaram a chegar de forma mais equilibrada a comunidades e municípios, e isso permitiu melhorias na educação e na saúde. Eles precisavam superar o problema da chegada dos recursos às comunidades mais afastadas ou com pior comunicação, o que gerava desigualdades dentro do mundo zapatista.

A segunda mudança a destacar, uma vitória ainda maior, que não se conhecia desde a breve experiência da Comuna de Paris em 1871, é que todos e todas aprendem a governar, já que semanalmente ocorre um rodízio entre as pessoas que participam das Juntas de Buen Gobierno. A figura do rodízio é chave e acontece em todos os níveis da autonomia. Permite que não se consolide nem se congele uma burocracia que é crucial para a forma-Estado. Nesse ponto, é preciso afirmar que não existe precedente na história revolucionária de construção de formas de poder que não repitam a lógica estatal de separação e hierarquia entre os que mandam e os que obedecem. O conceito de "mandar obedecendo" se ajusta a esse outro tipo de poder autônomo, inédito no mundo, que funciona há mais de uma década e meia.

Como assinala Sergio Rodríguez Lascano (2007, p. 14), os caracóis[16] e as juntas representam uma fusão entre as formas de governar tradicionais dos povos originários, "que não se assemelham à forma ocidental de governar", e o processo de auto-organização social impulsionado pelo zapatismo, que "rompe com qualquer tradição de territórios libertados, zonas sob controle etc.".

———

O segundo aspecto é *o papel das mulheres de baixo*.

Desde muito cedo o zapatismo rejeitou qualquer imposição, incluindo as oriundas do campo revolucionário ou da esquerda. Com acertos ou erros, eles e elas decidem os caminhos a seguir. Os avanços na participação das mulheres são notáveis e podem ser vistos de maneira evidente em dois espaços distintos: na escala pública, no encontro de Morelia, em março de 2018, e na vida cotidiana, na presença de mulheres nas Juntas de Buen Gobierno, nos municípios autônomos e nas comunidades, bem como nos espaços de saúde.

O EZLN admite estar ainda longe de alcançar os níveis de participação feminina almejados e destaca que algumas jovens preferem não assumir certas responsabilidades. O aspecto importante é que não ocultam as dificuldades, e isso permite supor que os processos de participação continuarão se desenvolvendo.

A Comandante Erika disse, durante o encontro de Morelia, que algumas mulheres urbanas "nos desprezam porque

---

16 Caracóis é como são chamadas as regiões das comunidades autônomas zapatistas, no estado mexicano de Chiapas. [N.T.]

não sabemos sobre a luta de mulheres, porque não lemos livros em que as feministas explicam como deve ser" (EZLN, 2018). Elas lamentam por ser criticadas sem que se conheça a fundo sua luta e sentem que existe um feminismo eurocêntrico e de classes médias acadêmicas que não as respeita. As mulheres zapatistas não se qualificam como feministas, mas como "mulheres que lutam".

Por isso, Erika lembra que não apenas são mulheres, mas pobres e indígenas, algo que lhes coloca em um lugar de tripla opressão. As mulheres zapatistas unem a luta contra o patriarcado à luta contra o capitalismo e não compartilham a atitude de algumas feministas que apenas se pronunciam contra o patriarcado. No entanto, apesar das diferenças, não julgam as outras mulheres; por isso, o encontro era um convite "para nos reunirmos como diferentes e como iguais".

Além da crescente participação de mulheres, seria preciso destacar a enorme renovação geracional, a participação massiva de jovens em todos os níveis do EZLN. Esse aspecto, como assinala o último comunicado do Subcomandante Insurgente Marcos, é tão evidente que não merece nada além de ser registrado com certa surpresa, já que vários processos de luta têm tido grandes problemas nesse ponto.

———

*A construção de outro mundo* é o terceiro aspecto.

Nas revoluções anteriores, as zonas vermelhas ou liberadas funcionavam como apoio para que as forças revolucionárias tivessem recursos e retaguarda para combater o exército inimigo e derrotá-lo. Eram meios, não fins, como ocorreu durante a guerra popular e prolongada do povo chinês contra o invasor japonês, primeiro, e o governo do Kuomintang, posteriormente. As zonas liberadas se subordinavam à lógica militar da guerra, como assinala Mao Tse-tung (1938) em seu texto sobre a guerra contra o Japão. Esses poderes de baixo sempre estiveram controlados pelo partido, que nunca propôs seu desenvolvimento autônomo.

Os zapatistas decidiram construir outro mundo com base na autonomia. Isso é algo novo, completamente novo. Não são iniciativas de educação, de saúde ou de produção dentro desse sistema, como propõe a maioria dos movimentos atuais, os quais estão inseridos na sociedade capitalista e têm construído espaços próprios em alguns desses terrenos. Em outras geografias, participamos desse tipo de espaço, muito importante porque ali se formam pessoas que lutam contra o capitalismo, o patriarcado e o colonialismo.

Mas o caso do zapatismo é distinto. Os cinco caracóis e as cinco Juntas de Buen Gobierno, as três dezenas de municípios autônomos e as centenas de comunidades formam outro mundo, com órgãos de poder próprios que proporcionam justiça, com limites e fronteiras que marcam quem está nesse mundo outro, com seu sistema de saúde, de educação e de produção de alimentos, com seus bancos e sistemas de poupança e de empréstimo. Esse mundo, essa outra sociedade, é diferente das zonas liberadas dos movimentos revolucionários do século XX. Esse mundo já existia em 1995, quando estive em La Realidad, mas agora tem um desenvolvimento maior, em quantidade e qualidade, conforme aprendemos na Escuelita "La Libertad según l@s zapatistas" [A liberdade segundo @s zapatistas].

No mundo zapatista, a chave é o trabalho coletivo nos meios de produção recuperados. A propriedade é coletiva, mas também a gestão é coletiva, o que diferencia o processo zapatista de outras revoluções em que a gestão tem sido realizada com critérios individuais, com diretores de fábricas ou chefes de cada unidade produtiva. Esse tipo de gestão "privada" abre as portas para o capitalismo, embora a propriedade seja coletiva.

A outra questão-chave foi explicada pelo Subcomandante Moisés (2015, p. 92) no encontro "El Pensamiento Crítico frente a la Hidra Capitalista" [O pensamento crítico frente à hidra capitalista], quando destacou que, caso não se prepare a nova geração, latifundiários como Absalón Castellanos retornarão para "mandar outra vez nas comunidades". Deparamo-nos com um olhar não economicista ou antieconomicista da política, no qual o cerne já não é apenas a propriedade ou a organização técnica do trabalho, mas os trabalhos coletivos como motor do processo.

―

*Os zapatistas assinalam que sua metateoria é sua prática*, ou seja, a renovação no pensamento — eis o quarto aspecto.

Seria muito difícil repassar todas as contribuições teóricas do zapatismo. Limito-me a algumas que acredito ser de grande utilidade para os movimentos. Considerar o modelo atual, que alguns marxistas denominam "acumulação por despossessão", como "Quarta Guerra Mundial" (EZLN, 2003), parece-me um acerto importante. Supõe um olhar a partir dos povos, a partir daqueles que se organizam e resistem — em suma, um olhar a partir de baixo. Para os setores populares, é justamente essa a sensação, a de que estão vivendo uma guerra que busca deslocá-los (de suas comunidades rurais ou urbanas) para que o capital possa se apropriar dos bens comuns (terra, água, matérias-primas) a fim de transformá-los em mercadorias.

A proposta de não assumir o aparato estatal e de não se incrustar nas instituições (que muitas vezes temos interpretado erroneamente como "não tomar o poder") é outro dos acertos político-teóricos do EZLN. É a primeira vez que um movimento revolucionário não concentra todas as suas forças para tomar o Estado, e sim para resistir ao capital e a suas Forças Armadas e criar um mundo "onde caibam muitos mundos". Eles não trabalham pela conquista da hegemonia (embora não o formulem desse modo), tampouco promovem a unidade das forças de transformação, porque isso leva à homogeneização das organizações.

Sobre a questão teórica, existe um aspecto muito interessante que coloca em primeiro lugar não quem fala, mas "a partir de onde se fala" (EZLN, 2003). É o contrário do que faz a academia. O zapatismo insiste que não tem uma teoria acabada mas reflexões teóricas, que observa tendências e que essa reflexão tem "caráter aproximado e limitado no tempo, no espaço, nos conceitos e na estrutura desses conceitos. Por isso rechaçamos as pretensões de universalidade e eternidade no que dizemos e fazemos" (EZLN, 2003). Justamente o contrário do alegado por certo marxismo dogmático, cujas afirmações têm a ambição de ser válidas para todos os tempos e em todo lugar.

O ponto central é a prática. "A reflexão teórica sobre a teoria se chama metateoria. A metateoria dos zapatistas é nossa prática." Há aqui uma inflexão radical com relação ao pensamento crítico que conhecemos. Sobretudo quando acrescentam que, para os zapatistas, "a prática tem uma carga moral, ética".

Não a considero uma ética de prescrições (uma moral que estabelece o certo ou o errado), mas uma ética da coerência, de colocar o corpo atrás do que se diz, de enlaçar as palavras aos fatos, de dizer o que se faz e fazer o que se diz, como eles têm assinalado em várias oportunidades. Para nós, formados na militância dos anos 1960 e 1970, isso é muito forte, porque vivemos a ideia de criar organizações que construam suas bases, as quais são objetos que vão atrás da direção ou da vanguarda. Essas bases — "massas", como são chamadas por alguns — são inertes, não têm vida própria, limitam-se a seguir as indicações daqueles que os lideram.

Para o Subcomandante Marcos, a mudança mais importante foi a do pensamento: "do vanguardismo revolucionário ao mandar obedecendo; da tomada do poder de cima à criação do poder de baixo; da política profissional à política cotidiana; dos líderes aos povos; da marginalização de gênero à participação direta das mulheres; do enganar o outro à celebração da diferença" (EZLN, 2014).

No curso "La Libertad según l@s zapatistas", pudemos observar que o indivíduo está subsumido no coletivo, que quem manda é o coletivo, que os povos e as comunidades são os responsáveis pelas decisões — algo ainda difícil de aceitar e de acreditar para a velha cultura política.

Por isso, o curso diz que "o culto ao individualismo encontra no culto ao vanguardismo seu extremo mais fanático". Hoje, esse individualismo se tornou um endeusamento dos líderes que reproduz a cultura de cima, que às vezes toma a forma desse culto à personalidade que chamamos de stalinismo.

---

*A mudança de classe e de raça* é o quinto aspecto.

O EZLN passou, diz o comunicado, "entre a luz e a sombra", "da origem de classe média ilustrada para o indígena trabalhador rural" e "da direção mestiça para a direção claramente indígena". Isso é uma verdadeira revolução, uma mudança político-cultural sem a qual não haveria mudanças na sociedade. Até agora as organizações revolucionárias na América Latina eram vanguardistas, e sua composição de classe e de raça é a descrita pelo Subcomandante Marcos, com exceção das organizações mapuche radicais e do extinto Movimento Armado Quintín Lame, no Cauca colombiano.

Muitos militantes e intelectuais de esquerda não acreditam que o Subcomandante Insurgente Moisés seja o chefe do EZLN, porque não podem aceitar que alguém de baixo, sem formação na academia e na leitura de livros, seja tanto porta-voz como chefe. A verdade é que há muito racismo na esquerda, "sobretudo na que se pretende revolucionária", como assinala o mencionado comunicado.

Pergunto-me: por que parte significativa da esquerda não acredita que um trabalhador rural indígena como Moisés possa ser o chefe e porta-voz do EZLN, no mesmo nível ou em um nível superior ao do Subcomandante Galeano?[17] Por que não podem aceitar que no movimento zapatista são os povos que mandam, não os subcomandantes?

Existe algo além do racismo: uma espécie de elitismo dizendo que "gente como a gente" — militantes formados na academia com muitas leituras e grande capacidade de oratória — é quem realmente faz a história. Essa visão de mundo não é apenas racista e patriarcal, é profundamente capitalista, pois acredita que só as elites bem formadas e bem articuladas podem mudar o mundo e construir o novo. Porque, se os de baixo são realmente sujeitos, algo que eles mesmos não se cansam de repetir nos discursos, a elite militante não tem um lugar central na revolução. E, se não tem, para que vamos nos sacrificar se não haverá recompensa?

---

17 Em maio de 2014, o Subcomandante Insurgente Marcos anunciou que a partir de então passaria a se chamar Subcomandante Insurgente Galeano, em homenagem a um zapatista chamado Galeano assassinado pouco tempo antes. [N.E.]

Eis o sentimento de uma parte importante da militância de esquerda, embora não o expresse desse modo.

A carga ética é o que explica essa capacidade de comandantes e membros fundadores do EZLN de trabalhar para desaparecer, para outros e outras ocuparem os lugares centrais. Insisto: é uma questão de ética, não de linha política correta, embora estejamos diante de uma política assentada sobre profundos valores éticos.

---

Por fim, existe a questão da *política como guerra*.

Estas reflexões se iniciaram em virtude da candidatura da presidente do Congresso Nacional Indígena, María de Jesús Patricio Martínez, Marichuy, à presidência da República do México. Sua campanha despertou as mais diversas reações e perplexidades por parte daqueles que simpatizam com o EZLN em vários cantos do mundo. Notei muito desconcerto diante desse fato, opiniões geralmente não pronunciadas em voz alta por respeito ao zapatismo. Não me refiro, portanto, àqueles que asseguram que isso representa a entrada do zapatismo na política tradicional, uma das críticas mais frequentes, mas a um desconcerto, mesmo, certamente compreensível, diante de algo novo.

Na tradição revolucionária ocidental, na qual me formei, a guerra e a política estão entrelaçadas. Dito de outro modo, a "lógica de guerra" impregna a política revolucionária — algo que não está diretamente ligado às armas, porque ela é compartilhada por não poucos partidos legais, os quais não têm qualquer pretensão de lançar mão da luta armada.

Como sabemos, Lênin tomou de Carl von Clausewitz a máxima segundo a qual "a guerra é a continuação da política por outros meios". O revolucionário russo queria compreender o que estava ocorrendo no mundo durante a guerra imperialista de 1914 e traçar uma estratégia adequada a fim de aproveitar o momento para derrotar as classes dominantes, arrebatando-lhes o poder, transformando a guerra imperialista em guerra civil revolucionária.

Seu ponto de partida é inteiramente correto: "Uma classe oprimida que não aspirasse a aprender a manejar armas, a ter armas, essa classe oprimida mereceria apenas ser tratada como os escravos" (Lênin, 1916, p. 85). Ele recusava o pacifismo que convocava a abandonar as armas, assim como a "defesa da pátria", porque as duas posições implicavam ajoelhar-se diante das classes dominantes dos países imperialistas.

Portanto, o partido de Lênin adotou uma "lógica de guerra". Entendo por isso a cultura política que leva as forças revolucionárias a colocar todas as energias em confrontar e aniquilar o inimigo, em destruí-lo material e simbolicamente, algo não ligado mecanicamente à posse de armas. Para conseguir esse objetivo, os bolcheviques realizaram a homogeneização e a uniformização do partido, vedando todo resquício de diferenças internas e tratando os divergentes com a mesma lógica concedida aos inimigos.

Desde aquele momento, a lógica da política como guerra se transformou em hegemônica no campo revolucionário em todo o mundo. A necessidade de esmagar o inimigo justificou fazer a guerra também dentro do campo revolucionário, julgando, expulsando e mesmo assassinando aqueles que pensavam e atuavam de forma distinta. Pior ainda: justificou a pretensão de alinhar toda a população a essa lógica, pagando custos tremendos, como a violência disseminada contra os trabalhadores rurais por parte do regime soviético, que ceifou milhões de vidas.

O stalinismo é filho dessa política, mais que das características de um personagem chamado Stálin. Essa política de guerra tem alguma relação com os assassinatos de Roque Dalton e da comandante Ana María por diferenças político-ideológicas?[18] E com os crimes do Sendero Luminoso no Peru? Quem se responsabiliza por esses desastres que enlameiam o campo da revolução?

O zapatismo se distinguiu da "lógica da guerra". São muitos os textos nos quais aparece essa distinção, que, é bom insistir, não tem nada a ver com as armas. Em várias ocasiões eles têm insistido que são um exército, com sua estrutura piramidal e seu centro de comando, mas um exército diferente, que obedece às comunidades e aos povos e, algo notável, tem a vocação de desaparecer.

Sem o levante armado protagonizado por esse exército em 1º de janeiro de 1994, os povos não teriam conseguido nada. Em particular, não teriam recuperado as terras nas quais constroem outros mundos. Mas esse exército se questionou se deveria prosseguir no caminho militar ou adotar outro, o qual consiste em "reconstruir o caminho da vida, esse que haviam destruído e continuam a destruir a partir de cima" (EZLN, 2014).

Uma questão fundamental, entre as muitas formuladas por esse comunicado, diz: "Deveríamos inscrever nosso sangue no caminho dirigido por outros rumo ao poder, ou deveríamos voltar o coração e o olhar para quem somos e para os que são o que somos, ou seja, para os povos originários, guardiões da terra e da memória?".

---

[18] Dirigentes, respectivamente, do Exército Revolucionário do Povo (ERP), da Argentina, e das Forças Populares de Libertação Farabundo Martí (FPL), de El Salvador, executados pelos próprios companheiros em meio a fortes debates políticos.

A resposta é evidente: "E, em lugar de nos dedicarmos a formar guerrilheiros, soldados e esquadrões, preparamos promotores de educação, de saúde, e foram sendo levantadas as bases da autonomia que hoje maravilha o mundo". Escolheram "construir a vida".

Trata-se do único movimento no planeta que optou por um caminho de não guerra, ou de paz, caso se prefira. Não é um caminho de rosas, porque o poder estabelecido continua com sua guerra contra as comunidades zapatistas. É uma decisão dos povos, não de uma direção política, nem de um par de dirigentes, nem de um exército. O zapatismo não usurpa as decisões das bases de apoio.

Por fim, é a primeira vez que se aposta por mudar o mundo sem guerra, o que não quer dizer que o EZLN vá se desarmar ou não vá defender seus territórios. Como em tantos aspectos, eles têm tirado conclusões dos erros das "revoluções triunfantes" do século XX e decidiram, armados de ética e coragem, tomar um caminho distinto, porque acreditam que desse modo não reproduzirão o sistema contra o qual se insurgiram. É um desafio, certamente. Mas é um desafio a todas e todos aqueles que queremos mudar o mundo.

## Referências

EZLN (Exército Zapatista de Libertação Nacional). "Siete pensamientos en mayo de 2003", *Enlace Zapatista*, 2 maio 2003.

EZLN (Exército Zapatista de Libertação Nacional). "Sexta Declaración de la Selva Lacandona", *Enlace Zapatista*, 30 jun. 2005.

EZLN (Exército Zapatista de Libertação Nacional). "Entre la luz y la sombra", *Enlace Zapatista*, 25 maio 2014.

EZLN (Exército Zapatista de Libertação Nacional). "Palabras a nombre de las mujeres zapatistas al inicio del Primer Encuentro Internacional Político, Artístico, Deportivo y Cultural de mujeres que luchan", *Enlace Zapatista*, 8 mar. 2018.

LASCANO, Sergio Rodríguez. "Caracoles zapatistas: creación heroica", *Revista Rebeldía*, n. 50, 24 jan. 2007.

LÊNIN, Vladimir Ilich. "El programa militar de la revolución proletaria", *Obras Completas*, tomo XXIV. Madri: Akal, 1916, p. 81-93.

SUBCOMANDANTE INSURGENTE MOISÉS. "Economía Política I: Una mirada desde las comunidades zapatistas", *El Pensamiento Crítico Frente a la Hidra Capitalista*, tomo I, 2015.

TSE-TUNG, Mao. "Problemas estratégicos de la guerra de guerrillas contra Japón", *Obras escogidas*, tomo II. Madri: Fundamentos, 1938, p. 75-112.

# PRÓLOGO A O ESTADO E A REVOLUÇÃO

Publicado em LÊNIN, Vladimir. *El Estado y la revolución*. Bogotá: Desde Abajo, 2017.

A Revolução Russa foi o fato político mais importante do século XX, segundo o historiador Edward H. Carr. Um acontecimento de tal magnitude não poderia se dar, porém, apenas pelo desenrolar das circunstâncias, excepcionais de fato, como a guerra mundial, a revolução de fevereiro e a desastrosa política bélica do tsarismo. Foi preciso a mediação — e isso nenhum historiador nem analista coloca em dúvida — da genialidade de um homem com a capacidade de compreender o que estava ocorrendo, dotado de uma determinação de ferro para incidir no quadro político e conduzir sua intervenção rumo aos objetivos almejados. Por isso se considera Vladimir Lênin o maior revolucionário da história.

Lênin tinha 47 anos quando seu partido bolchevique chegou ao poder em uma Rússia devastada pela guerra, com um exército arruinado, uma população faminta e um aparato estatal sucateado por um conflito que, corretamente, foi batizado de "carnificina". Durante toda a vida, preparou-se para intervir naquele ano decisivo de 1917, sem saber se chegaria a viver algo semelhante.

Todos os quadros do partido eram mais jovens que Lênin. Zinoviev, Kamenev e Sverdlov tinham menos de trinta anos e eram mais seus discípulos que seus pares — ele os havia elegido e formado, como nos lembra Pierre Broué. Lênin é o único bolchevique "a pertencer à geração anterior ao *Iskra*", o jornal organizado pelos marxistas russos no início do século (Broué, 1973, p. 93). O autor se refere aos fundadores do marxismo russo, como seu veterano referente Plekhanov ou seu ex-companheiro Martov, que tinha a mesma idade de Lênin; mas ambos se afastaram por militarem na facção menchevique.

Lênin tinha muito claro que os debates ideológicos eram imprescindíveis, estava convencido pela experiência histórica de que as lutas internas eram cruciais na formação de uma organização revolucionária e recordava a seus camaradas que "o primeiro dever de um revolucionário é criticar seus dirigentes" (Broué, 1973, p. 95). Talvez por isso a história da facção bolchevique, desde sua formação, em 1903, tenha sido uma sucessão de conflitos ideológicos que, apesar disso, forjaram uma organização potente e resistente aos golpes da polícia tsarista.

Apesar da enorme flexibilidade tática — de que lançou mão em situações tão difíceis como a que levou à adoção da Nova Política Econômica (NEP), em 1921, um "retrocesso" do comunismo de guerra a um capitalismo de Estado, para sair do marasmo em que a guerra civil deixou a economia e a sociedade russas —, Lênin era inflexível no terreno das ideias e dos princípios. Nesses aspectos, nunca fez concessões.

Em 1916, o líder bolchevique residia em Berna, mas se transferiu para Zurique, onde era mais fácil conseguir materiais para seus trabalhos de publicista. Após o impacto que sofreu em 1914, quando comprovou com raiva e dor como a social-democracia alemã — à qual dedicava sua mais alta estima pela grande capacidade organizativa e teórica — havia traído os princípios do internacionalismo ao votar os créditos de guerra e passar para o lado imperialista, estava em pleno processo de compreensão da nova realidade e havia participado em setembro de 1915 da Conferência Socialista de Zimmerwald,[19] que reuniu os escassos inimigos da guerra que assolava o continente.

As notícias vindas da Rússia não eram boas. A repressão tsarista e a deportação dos mais destacados dirigentes do partido para a Sibéria (Stálin e Sverdlov entre eles) haviam conseguido desarticular o comitê central do interior, que esteve um ano e meio sem funcionar e apenas conseguiria se reconstruir em meados de 1916. Na Suíça, Lênin "se dedicava a escrever; e a observar e esperar" (Carr, 1972, p. 84). Naqueles meses, publicou *Imperialismo, estágio superior do capitalismo*, seu livro mais importante no período do conflito, no qual explica as razões da guerra imperialista.

Começou a defender a proposta de transformar a guerra entre nações em revolução proletária, algo que soava muito estranho naqueles anos de chumbo. Em um discurso de janeiro de 1917, dias antes da revolução de fevereiro, mostrou-se em dúvida sobre se "os velhos" — tinha 46 anos — chegariam a ver "as batalhas decisivas da revolução que se avizinha" (Carr, 1972, p. 85). Quando a revolução eclodiu e tragou o tsarismo, Lênin iniciou uma atividade febril para retornar à Rússia. Em meados de março, embarcou em um trem lacrado[20] e sem comunicação com o exterior, junto a vinte bolcheviques (entre eles Zinoviev e Radek). Teve de negociar com o governo da

---

19 A Conferência Socialista de Zimmerwald ocorreu entre 5 e 8 de setembro de 1915 e procurou reunir socialistas de diversos países, como Alemanha, França, Itália, Polônia, Grã-Bretanha e Holanda. Entre os temas discutidos, estava a proposta de levante dos proletários contra a Primeira Guerra Mundial. [N.E.]
20 Um trem lacrado realiza viagem internacional sem que seu conteúdo seja legalmente reconhecido pelas nações do trajeto, apenas no destino final. [N.T.]

Alemanha uma permissão para cruzar o território e a frente de batalha, rumo à Suécia. Chegaram a Petrogrado[21] em 3 de abril.

Enquanto Lênin fazia os trâmites para seu retorno, os bolcheviques na Rússia voltaram a editar seu jornal, *Pravda*, que em sua segunda edição vendeu cem mil exemplares, revelando que, embora fossem minoritários na sociedade, não eram absolutamente um grupo marginal. O comitê de Petrogrado publicou uma nota na qual, seguindo as resoluções do birô, defendia a transformação da guerra imperialista em guerra civil.[22] Poucos dias depois, chegaram os deportados da Sibéria e ficaram com o comando da organização e do jornal, entre eles Stálin e Kamenev.

Os retornados mudaram completamente o rumo, defenderam os sovietes como a organização mais legítima (recém-configurada e ainda com projeção escassa), mas rechaçaram publicamente a proposta do "derrotismo", ou seja, de que o exército recuasse sem lutar como meio de encerrar a guerra, que era a postura defendida por Lênin. Segundo os testemunhos, os politizados operários da cidade se sentiram "consternados" diante da inflexão. Por um lado, Kamenev recusava a política de transformar a guerra em guerra civil; por outro, Stálin propunha apoiar o governo provisório, uma posição mais próxima à de seus adversários mencheviques.

Em suma, entre os bolcheviques reinava a confusão, e ninguém diria algo diferente sobre o governo provisório. A chegada de Lênin à estação Finlândia deu uma guinada brusca nas coisas. Antes de descer do trem, ele já havia repreendido os diri-

---

21 Rebatizada Leningrado em 1924, voltando a ser São Petersburgo em 1991. [N.E.]
22 Neste trecho, sigo o trabalho de Carr, o mais documentado sobre o período.

gentes por sua atitude conciliadora. Afastou-se da recepção oficial, organizada pelo soviete local e o partido, e se dirigiu à multidão de operários e soldados. Disse que a guerra imperialista era o começo da guerra civil por toda a Europa: "O colapso do imperialismo europeu pode ocorrer a qualquer dia, inclusive hoje ou amanhã. A Revolução Russa, feita por vocês, é o começo desse colapso e o início de uma nova época. Viva a revolução socialista mundial!".

Analisada com a perspectiva oferecida pelos anos, a atitude de Lênin parece a mais razoável. Mas naqueles momentos ninguém pensava como ele. Os dirigentes bolcheviques estavam pasmos. De uma só vez, ele varria o senso comum imperante — o possibilismo, os avanços passo a passo — e parecia se aventurar em um salto no vazio. Mas Lênin não tinha a menor dúvida. Estava convencido de que a guerra empurraria as massas para a rebelião, e essa convicção era tudo menos fanatismo: era um realismo bem informado e, sobretudo, uma atitude capaz de captar os pequenos detalhes, como o estado de ânimo do povo comum; principalmente, era capaz de vislumbrar as mudanças, por mais modestas que fossem. Por isso, foi capaz de prever o desenrolar dos acontecimentos.

Quando leu as *Teses de abril* no soviete, quatro dias após chegar à Rússia, ficou completamente isolado — apenas Alexandra Kollontai o apoiou, enquanto alguns disseram se tratar dos "delírios de um louco". Na conferência do partido em Petrogrado, as teses de Lênin foram aprovadas pela maioria esmagadora dos delegados, após árduos debates. Segundo Carr, o enorme poder dele sobre o partido "não repousava na retórica, mas em reflexões lúcidas e incisivas que transmitiam a impressão irresistível de um domínio único da situação" (Carr, 1972, p. 99). Seu argumento central era que a etapa burguesa da revolução havia atingido seu apogeu em fevereiro, e que os sovietes deveriam derrubar o governo provisório — se não o fizessem, seriam aniquilados.

Quando Lênin propôs na conferência do partido em abril o lema "Todo poder aos sovietes", dava forma pela primeira vez ao esquema que a revolução adotaria segundo os postulados bolcheviques. Embora continuasse a ser minoritário, o perfil do partido começou a ganhar nitidez: era o único que não participava do governo, cada vez mais frágil, e o único que propunha paz imediata, a qualquer preço. No verão de 1917, os bolcheviques ganham seu primeiro corpo representativo (reforçados pela incorporação de Trótski), ao conseguir a maioria em uma conferência de operários das fábricas de Petrogrado. Apesar disso, no órgão máximo dos sovietes de toda a Rússia tinham apenas 35 delegados, de um total de 250.

Mas o governo se desgastava conforme a carnificina da guerra seguia seu curso. No início de julho, Lênin e Zinoviev se esconderam na Finlândia, diante de uma onda repressiva do governo provisório em resposta a mobilizações espontâneas contra a guerra atribuídas por Lênin aos bolcheviques. A crise se resolveu com a nomeação do social-revolucionário Aleksander Kerensky como primeiro-ministro. Foi um breve passo para o lado: Lênin propôs retirar o lema "Todo poder aos sovietes", já que em sua opinião eles haviam se transformado em instrumento da burguesia por seu apoio ao governo.

A inflexão principal chegou no fim de agosto, quando o general Kornilov tentou um golpe de Estado que fracassou muito rápido mas alarmou a população. Depois da intentona, os bolcheviques conquistaram a maioria nos sovietes de Petrogrado e Moscou, enquanto nas zonas rurais os soldados que retornavam a seus povoados após desertarem incitaram saques para aliviar a fome. O tempo começava a trabalhar a favor das teses de Lênin, graças ao crescente ativismo operário e aos trabalhadores rurais, impulsionados pela fome. Nesse contexto, Lênin retornou disfarçado a Petrogrado, em 9 de outubro, para se colocar à frente do partido e preparar a insurreição.

Nos dias passados na Finlândia, entre agosto e setembro de 1917, ele redigiu o texto do livro *O Estado e a revolução*, um dos mais importantes de sua vasta produção. Até aquele momento, sua opinião sobre o Estado — sempre inspirada no Marx defensor da ditadura do proletariado — buscava se distanciar de duas posições que considerava equivocadas: a do anarquismo, por não reconhecer que o poder do Estado é necessário na etapa de transição ao socialismo; e a da social-democracia "pequeno burguesa", porque ela não reconhece que o tipo de Estado necessário naquele período é similar à Comuna de Paris, e desse modo se subordina à forma estatal burguesa.

*O Estado e a revolução* se volta contra essa segunda posição, amplamente hegemônica nos primeiros anos do século XX — e cada vez mais nas décadas posteriores. Embora a obra tenha sido publicada um ano depois (agosto de 1918), durante a guerra civil na Rússia, é uma peça imprescindível para aqueles que apostamos em uma sociedade pós-capitalista que, necessariamente, será pós-estatal.

A posição de Lênin consiste em resgatar Marx. Ele explica que o Estado nasce pelas contradições de classe, ou seja, pelas lutas de classe, e para submeter os de baixo aos interesses da classe dominante:

> O Estado surge onde, quando e na medida em que as contradições de classe *não podem* objetivamente ser conciliadas. E inversamente: a existência do Estado prova que as contradições de classe são inconciliáveis.[23]

---

[23] Nesta edição, retiramos as citações a *O Estado e a revolução*, de Lênin, do volume publicado pela Boitempo em 2017. [N.E.]

O Estado, portanto, não é nem pode ser neutro: sempre será um instrumento para a dominação de uma classe pela outra. Uma vez que os operários e os camponeses desalojam a burguesia, começa um processo diferente, que, no longo prazo, conduz à extinção do Estado. O primeiro passo supõe, inevitavelmente, o uso da violência, pois seria impensável que a classe burguesa abandonasse o poder de modo pacífico. Isso conduz à ditadura do proletariado, o período do socialismo no qual se utiliza a força para tomar os meios de produção e de troca.

Essa ditadura seria mais democrática, por representar a maioria da sociedade. E contrapõe-se à democracia burguesa, porque mesmo na república burguesa mais democrática "a escravatura assalariada é o destino do povo", escreve Lênin. Posteriormente, vai se moldando a chamada "fase superior", ou comunismo, na qual o Estado se extingue progressivamente, à medida que as classes vão se diluindo a partir da desaparição da propriedade privada. Nem Marx nem Lênin detalharam como seria essa extinção do Estado, mas é evidente que a consideravam necessária, porque sempre tiveram a convicção de que os processos revolucionários não deviam deixar em pé as instituições da opressão, como o Estado.

Existem três aspectos que gostaria de problematizar, relacionados às dificuldades nascidas com o poder soviético que abriram caminho para que em nosso tempo o pensamento de esquerda não possa se despojar do estadocentrismo. Mais ainda, entre nós se instaurou um culto ao Estado que é uma trava para o desenvolvimento de ideias e práticas anticapitalistas.

O primeiro aspecto se relaciona com a dificuldade para avançar na abolição real do âmbito estatal: não apenas do Estado como instituição, mas das práticas estatais. Em 1918, Lênin supunha que o Estado começaria a se extinguir em um prazo de dez anos ou um pouco mais (Carr, 1972, p. 259). Ele não conseguiu ver que havia uma contradição enorme entre a associação dos operários para dirigir a sociedade e a concentração de poder no Estado para derrotar a burguesia no país e no mundo. Isso também pode ser dito da concentração de poder no partido, uma realidade iniciada durante a vida de Lênin e para a qual ele não encontrou respostas, apenas discursos.

O segundo aspecto se relaciona à burocracia. Em seus últimos anos, Lênin empreendeu uma campanha de críticas ao crescimento da burocracia no partido e no Estado, mas nunca foi capaz de compreender que ela tem certa autonomia, se reproduz com base nos privilégios obtidos e é altamente resistente. Na mesma época, o sociólogo alemão Robert Michels, com base em sua experiência como militante socialista, formula a "lei de ferro da oligarquia", na qual afirma que em uma democracia ou uma ditadura sempre governa uma minoria. Um dos argumentos utilizados por ele é o da eficiência, justamente o que levou o poder soviético a incrementar sua burocracia, tanto no nível dos corpos repressivos quanto do aparato econômico, contratando especialistas "burgueses".

Nesse sentido, as críticas de Rosa Luxemburgo à forma de organização dos bolcheviques e à centralização do poder no país dos sovietes mostram que, já naqueles anos, havia militantes que observavam com preocupação a deriva autoritária.

O terceiro aspecto tem a ver com o patriarcado. Aparentemente, Lênin sempre acreditou nas hierarquias profundas. Claro, viveu em uma época na qual a crítica ao patriarcado era patrimônio de pouquíssimas pessoas, em particular mulheres revolucionárias. Apesar disso, nunca rompeu com a ideia do dirigente alemão Karl Kautsky, segundo a qual a consciência classista é levada ao proletariado "a partir de fora" pelos intelectuais, os quais terão, portanto, enorme poder com base em uma relação assimétrica.

Lênin foi um partidário fervoroso do taylorismo, da divisão entre trabalho intelectual e manual nas fábricas, que é uma das pedras angulares da opressão capitalista e revela uma aliança entre capital e patriarcado. Acreditou em demasia no poder da ciência e da tecnologia, por isso considerou que o socialismo seria a combinação do poder dos sovietes com a instalação da infraestrutura para a distribuição da energia elétrica na Rússia. Admirava os operários, mas só quando faziam aquilo que lhe parecia adequado à sua visão masculina, branca e racionalista.

———

Nos anos subsequentes, a evolução política e as atitudes dos setores populares mostraram que a realidade era mais complexa do que supunha o dirigente bolchevique. Como sabemos, a onda revolucionária ao fim da Primeira Guerra Mundial, entre 1918 e 1921, se chocou na Europa com a potência dos Estados e com sociedades que pareceram não estar maduras para repetir a experiência russa. A tão esperada revolução europeia, a qual salvaria os bolcheviques do isolamento, foi um fracasso que, além disso, deu espaço quase de imediato a regimes de cunho fascista. De qualquer modo, a reflexão naqueles anos girou em torno das linhas mais adequadas de atuação nessa conjuntura, mas não foram questionadas algumas das premissas básicas, como o caráter do Estado nos países com democracias burguesas.

Para Lênin, o núcleo do Estado consiste em "destacamentos especiais de pessoas armadas"; mas, com eles apenas, a burguesia não consegue impor seus pontos de vista a milhões de trabalhadores. A dominação se apoia na violência, mas não sempre nem permanentemente; caso contrário, seria frágil, porque — como ocorreu na Rússia tsarista — geraria uma oposição igualmente violenta sem a menor possibilidade de integrar os grupos subalternos. Existe algo a mais na dominação, que não se pode resolver de modo definitivo assegurando que a democracia burguesa é a ditadura da burguesia ou que "a escravatura assalariada é o destino do povo", como sustentava Lênin.

O Estado realmente existente nos países capitalistas do Ocidente não pode se reduzir aos aparatos armados e coercivos. Isso indica que a dominação tem outros perfis e recursos e busca a legitimação com pequenas concessões capazes de assegurar a paz social que azeita a acumulação de capital. "No Oriente, o Estado era tudo, a sociedade civil era primitiva e gelatinosa; no Ocidente, havia entre o Estado e a sociedade civil uma justa relação e, ao oscilar o Estado, podia-se imediatamente reconhecer uma robusta estrutura da sociedade civil" — escreveu Antonio Gramsci na prisão (Gramsci, 1975, p. 157 [2007, p. 262]). Desse modo, o comunista sardo tentava refletir sobre as diferenças entre os dois mundos, sendo o primeiro a propor análises sobre a complexidade observada. Além de Estado, existe uma "sociedade civil" na qual as classes em disputa buscam ancorar sua legitimidade, o que traduzem em seu discurso sobre a hegemonia.

Gramsci amplia sua ideia ao recorrer a imagens de caráter militar: "O Estado era apenas uma trincheira avançada, por trás da qual se situava uma robusta cadeia de fortalezas e casamatas; [...] isto exigia um acurado reconhecimento de caráter nacional" (Gramsci, 1975, p. 157 [2007, p. 262]). Essa constatação levou Gramsci a refletir sobre a guerra de posições e a guerra de manobras ou frontal, mas também sobre as relações entre sociedade civil e Estado. O aspecto importante é que ele tenta compreender a complexidade da sociedade ocidental e do próprio Estado, salientando os modos de legitimar a dominação.

Gramsci aponta nessa direção quando se propõe a refletir sobre os meios de produção ideológica do sistema, como a Igreja, os partidos políticos, os sindicatos — meios que nos anos posteriores devem se ampliar com a expansão da imprensa, a massificação do rádio e, mais adiante, da televisão. Um pequeno parêntese: hoje é comum que muitos analistas assegurem que os meios de comunicação monopolizados pela burguesia constituem "uma imprensa degradada e prostituída, cuja missão não é informar os cidadãos, mas manipulá-los, enganá-los e embrutecê-los com mentiras" (Borón, 2018). No meu modo de ver, trata-se de uma simplificação grosseira com duas graves omissões. A primeira delas é que pensar os setores populares como algo possível de ser "embrutecido" pelas mentiras dos meios de comunicação é subestimar a cultura operária e popular e a capacidade de os povos se emanciparem por si mesmos e, em paralelo, decodificarem esses meios, passando-os pelo crivo da própria cultura. Porque essa visão de mundo aponta para que a libertação apenas seja possível se as massas embrutecidas forem lideradas de forma adequada por caudilhos heroicos. A segunda é que esses intelectuais se excluem do embrutecimento gerado pelos meios. Transmitem a imagem de que as pessoas formadas na academia são imunes à nefasta influência midiática. Considero essa uma perspectiva elitista e patriarcal.

Voltando ao debate sobre as elaborações pós-leninistas, Gramsci sustenta que "na noção geral do Estado entram elementos que devem ser remetidos à noção de sociedade civil", pois, segundo ele, "pode-se imaginar o elemento Estado-coerção em processo de esgotamento à medida que se afirmam elementos cada vez mais conspícuos de sociedade regulada (ou Estado ético, ou sociedade civil)" (Gramsci, 1975, p. 76 [2007, p. 244]). Aparentemente, sua preocupação era explicar as razões pelas quais milhões de trabalhadores assentiam com a dominação, para poder traçar uma estratégia mais adequada que passaria por disputar esse terreno

— a consciência de classe, que até aquele momento a classe dominante estava ganhando.

Gramsci observa que, após a Revolução Francesa, o setor liberal da burguesia busca os caminhos para "absorver toda a sociedade", construir conformismo, e, para isso, produz transformações profundas a tal ponto que "o Estado torna-se 'educador'" (Gramsci, 1975, p. 215 [2007, p. 270]). Enquanto Marx e Engels valorizaram a revolução levada a cabo pela burguesia no terreno da economia,

> Gramsci sublinha *a dimensão política e social* desse processo revolucionário, em virtude do qual a burguesia transforma radicalmente o conjunto das instituições da sociedade civil e política. Não se trata, portanto, apenas de uma mudança nas formas políticas, mas de um programa social completo de caráter *ético e pedagógico*. (Sanjuán, 2016, p. 5, grifos do original)

Isso permitiu que a burguesia, segundo alguns autores, universalizasse seu projeto político, econômico e social, ao conseguir se apresentar como uma classe progressista em relação às castas feudais. O grande êxito histórico da burguesia foi ter conseguido, nos países capitalistas mais desenvolvidos, fazer com que a sociedade civil deixasse de ver a si mesma como oposta ao Estado, para se sentir como um âmbito complementar. Gramsci utiliza para isso o conceito de Estado integral, que faz parte da sociedade civil que institucionaliza as relações entre Estado e sociedade civil:

> Isso leva a burguesia a lançar as bases sobre as quais vai se desenvolver a sociedade moderna, na qual o Estado já não é simplesmente uma instância que se levanta por sobre a sociedade civil e apenas intervém nela em determinados momentos; agora o Estado penetra em todos os âmbitos das relações

sociais até um grau ainda não ocorrido em nenhuma sociedade histórica anterior. (Sanjuán, 2016, p. 5)

Essa nova configuração do domínio não exclui a coerção estatal, mas transforma a hegemonia na sociedade civil em complemento dessa coerção — a qual é sempre o argumento último, como ensina nestes dias a reação estatal diante daqueles que lutam pela independência da Catalunha. Em períodos de crise aguda, a coerção mostra os limites àqueles que desejam conquistar a hegemonia na sociedade civil como chave mestra para transcender o capitalismo. Esse foi o caminho adotado inicialmente pelas sociais-democracias europeias, após a derrota do nazismo, e mais adiante pelos eurocomunistas que usaram e abusaram das ideias de Gramsci.

Nos dois casos, particularmente no segundo, as referências ao comunista italiano encobriram o abandono da perspectiva revolucionária e serviram de pretexto para se incrustar nas instituições estatais, abandonando a vontade de transcender o capitalismo. Esse processo foi facilitado pelas ambiguidades dos escritos de Gramsci, que permitiram a muitos pensar, e continuar pensando até os dias de hoje, que "a estrutura do poder capitalista no Ocidente repousava essencialmente na cultura e no consenso", como destacou Perry Anderson (1973, p. 122) em sua crítica à "debilidade da estratégia de Gramsci".

Gramsci apostou no que denominou como "guerra de posição" (confrontação direta), para ganhar a hegemonia na sociedade civil, que passava por conquistar "trincheiras" e "fortificações" (as grandes organizações populares modernas, mas também segmentos do aparato estatal). Ele considerava que em certo momento seria preciso dar passagem à insurreição, à ação violenta, e isso o diferenciou claramente daqueles que postularam uma transição indolor ou pacífica ao socialismo, na qual o momento eleitoral terminou por substituir o momento insurrecional como cerne da preparação dos revolucionários.

Em todo caso, se há "debilidades" evidentes no pensamento de Gramsci, como assinala Anderson, isso não exclui o fato, também incontestável, de que ele "foi o único entre os comunistas que persistiu, no ponto mais baixo das derrotas dos anos 1930, em considerar que a experiência russa não poderia se repetir no Ocidente e em tentar entender o porquê" (Anderson, 1973, p. 85). Segundo esse autor, "nenhum outro pensador do movimento da classe operária europeia encarou até hoje de forma tão profunda e central o problema da especificidade da revolução socialista no Ocidente" (Anderson, 1973, p. 85).

Apesar disso, a tentativa de complexificar e sofisticar a análise da dominação capitalista tornou-se cada vez mais urgente, ao se comprovar como os Estados começavam a assumir novos papéis que não existiam nem na Rússia tsarista, sobre a qual Lênin refletia, nem nos países colonizados, onde se estabeleceram os partidos comunistas vinculados à III Internacional. Inquirir brevemente sobre essas mudanças pode ser interessante para ler o texto de Lênin a partir de outras perspectivas.

---

Desde a Revolução de Outubro, os Estados ocidentais sofreram ao menos duas transformações importantes que levam a matizar a análise de Lênin: a criação dos Estados de bem-estar social como resposta à atração do bolchevismo e à potência do movimento operário; e, depois de 1973, o progressivo deslizamento rumo a Estados que blindam a acumulação ao despojar outros, que os zapatistas denominam Quarta Guerra Mundial. Os dois processos devem ser compreendidos tanto em seu respectivo contexto histórico quanto em sua relação com os processos produtivos, sociais e culturais de cada período.

O *welfare* ou Estado de bem-estar, generalizado no Ocidente após o fim da Segunda Guerra Mundial, foi, segundo o historiador Eric Hobsbawm, uma resposta das classes dominantes aos desafios colocados pela Revolução Russa. Na opinião dele, a Revolução Russa "se revelou a salvadora do capitalismo liberal", em grande medida, "fornecendo o incentivo para o capitalismo se reformar, e também [...] abandonar a crença na ortodoxia do livre-mercado", que havia levado a economia ao abismo da Grande Depressão de 1929 (Hobsbawm, 1995, p. 91 [1997, p. 252-3]).

Essa verdadeira mutação do sistema, porém, foi se cozinhando a fogo brando desde a revolução de 1848, uma das duas revoluções que mudaram o mundo, como afirmam o sociólogo Immanuel Wallerstein e os defensores da perspectiva do sistema-mundo (Arrighi *et al.*, 1999, p. 83). De fato, os primeiros passos para a construção de um amplo sistema de cobertura social se deram sob a Alemanha do chanceler conservador Otto von Bismarck, na segunda metade do século XIX.

Naquele período, foram sancionadas algumas legislações fundamentais no país: em 1883, foi aprovada a Lei dos Seguros de Saúde; em 1884, a do Seguro de Acidentes de Trabalho dos Operários e Empregados de Empresas Industriais; e, em 1889, a do Seguro por Invalidez e de Aposentadoria. O espírito da legislação social se desprende da célebre mensagem de Bismarck: "A superação dos males sociais não pode se encontrar exclusivamente pelo caminho de reprimir os excessos sociais-democratas, mas por meio da busca de fórmulas moderadas que permitam a melhoria do bem-estar dos trabalhadores" (Uzcátegui, 1990).

Portanto, a primeira legislação social do mundo capitalista é contemporânea das "leis antissocialistas" (proibição de atividades e partidos de linha socialista, da imprensa e da arrecadação de fundos), impulsionadas pelo mesmo chanceler Bismarck entre 1878 e 1888, com o objetivo de debilitar o partido social-democrata, já que temia a eclosão de uma revolução similar à ocorrida na França com a Comuna de Paris, em 1871.

É digno de nota constatar que a legislação social da Alemanha foi seguida rapidamente por outros países da Europa. Desde 1887, a Áustria havia instituído o seguro de acidentes de trabalho e o seguro de saúde, e a Hungria fez o mesmo em 1891. Naquela década, Dinamarca, Suécia e Noruega aprovaram o seguro de aposentadoria, doenças e maternidade. No início do século XX, os seguros sociais já existiam na Holanda, na Irlanda, na Itália e no Reino Unido. A Lei de Seguridade Social foi aprovada nos Estados Unidos em 1935 e, na Grã-Bretanha, no início da década de 1940.

O fato é que, quando se produziram as reflexões de Lênin sobre o Estado, os países ocidentais desenvolvidos estavam a caminho de estabelecer a seguridade social, concretizada no direito a pensões, ao atendimento de saúde e ao seguro-desemprego, além do direito à educação e a outros serviços públicos que se aplicam não apenas aos trabalhadores mas a todos os cidadãos — um conjunto de leis de proteção dos trabalhadores que não existiram na Rússia antes da Revolução de Outubro, pois a principal forma de controlar os trabalhadores pelo Estado era a repressão.

Depois de 1945, essa legislação foi sendo ampliada e generalizada em boa parte do mundo não europeu, incluindo países da América Latina, que conheceram um Estado de bem-estar social imperfeito e limitado, mas palpável na adesão de amplas camadas da classe operária a correntes como o peronismo na Argentina, o varguismo no Brasil e o cardenismo no México, entre os mais destacados, mas não os únicos. Todas essas expressões tiveram um teor nacionalista que facilitou a adesão dos setores populares aos projetos das elites.

Essa legislação e o desenvolvimento de uma institucionalidade ampla para torná-la efetiva foram barreiras eficazes para separar os operários dos partidos de esquerda. Recentemente, com a crise econômica e política da década de 1960 e o exemplo contagioso da Revolução Cubana, a adesão de amplas camadas de trabalhadores aos populismos e desenvolvimentismos latino-americanos começou a perder fôlego, e foram abertos espaços para a esquerda anticapitalista. Mas a experiência prévia não ocorreu em vão: deixou uma marca cultural pelas quais décadas depois transitam os progressismos, na esteira da crise societal gerada pelo neoliberalismo na década de 1990.

Quanto à segunda mutação dos Estados, estamos sofrendo-a neste momento. A revolução de maio de 1968 e a contraofensiva das classes dominantes a partir de 1973 redimensionaram as coisas. O primeiro passo foi restringir o Estado de bem-estar ou destruí-lo onde fosse possível, como ocorreu nos países da América Latina com as ditaduras militares. Esse processo ocorreu em paralelo à financeirização das economias, que se traduziu em um primeiro momento na desindustrialização e na crise da dívida, já na década de 1980. Mas o novo modelo de sociedade e de acumulação abriria seu próprio caminho mais lentamente.

A mineração a céu aberto, a monocultura, as grandes obras de infraestrutura, como as represas hidrelétricas, e a especulação imobiliária urbana têm em comum a necessidade de desalojar populações, o que implica executar formas diversas de guerra contra os povos por se tornarem obstáculos para o novo/velho funcionamento da economia: acumulação por despossessão, que consiste em transformar os bens comuns em mercadorias, roubando os povos por meio da violência.

Para implementar esse modelo são necessários Estados gendarmes, que nesse período assumem a forma de Estados policiais ou narcoestados, como os já existentes em boa parte da América Latina, conforme estabelece uma ampla bibliografia a respeito. Apesar disso, e este é o ponto central, os Estados policiais não lançam por terra os sistemas eleitorais nem as legislações sociais que haviam sido limitadas durante os momentos mais duros do primeiro neoliberalismo. Pelo contrário, empenham-se em dar mostras de grandes espetáculos eleitorais, ampliam as políticas com base no combate à pobreza, embora já não se mencionem direitos, mas apenas beneficiários dos programas, e assim com um leque amplo de políticas que buscam legitimar o modelo de espoliação, imputando todos os problemas a um narcotráfico sistêmico, aliado de grandes empresas, Estados e governos, a fim de conter as populações e facilitar o modo hegemônico de acumulação.

Estamos diante de novas complexidades. Se a legislação social do Estado de bem-estar, negociada entre Estado, empresas e sindicatos, era funcional para a paz industrial, agora o complexo democracia/políticas para a pobreza se propõe exatamente o oposto disso. Os povos não têm lugar algum nesse modelo, estão condenados a viver à margem (da trama urbana, das regiões de extrativismo intensivo e inclusive da cidadania e do consumo), e apenas mediante um Estado policial é possível impedir que se desloquem desse lugar.

Os "destacamentos especiais de pessoas armadas" mencionados por Lênin, a coerção de Gramsci, ocupam um lugar central, inclusive nas catedrais do consumo (os shoppings), hipervigiadas por câmeras de segurança e segurança privada para desencorajar o menor desvio. Mas é justamente nesses shoppings que funcionam os aparatos de legitimação, junto aos aparatos de coerção, por meio de uma ampla oferta de mercadorias superexpostas e mais bem dispostas graças às ciências do marketing.

Sabemos como funcionam, quem se beneficia do negócio e da baixa qualidade das mercadorias que compramos (inclusive dos alimentos cancerígenos oferecidos pornograficamente), mas as desertoras e os desertores se contam nos dedos de uma mão. A imagem da fuga/deserção é, talvez, a mais adequada a este período da história — sem dúvida, mais adequada do que a da insurreição considerada por Lênin e Gramsci, passando por Trótski e Mao. A teoria da revolução continua a ser um enigma neste período de Estados coercitivos e marketing político-social, ambos delineados por uma engenharia social cujo funcionamento desconhecemos.

É possível, contudo, que estejamos em um lugar intermediário. Os Estados funcionais para a Quarta Guerra Mundial/ acumulação por despossessão têm muito em comum com a centralidade do elemento coerção analisado por Lênin em *O Estado e a revolução*. Mas não se despojam — e sim reforçam — os mecanismos para garantir certa legitimidade ou hegemonia, para utilizar a expressão de Gramsci que, acredito, tem cada vez menos utilidade. Essa dualidade é desconcertante tanto para o reformista quanto para o revolucionário, porque, diz a experiência, os dois caminhos têm sido bloqueados pelo sistema. Seria hora de criar ou perecer.

Apesar dessas limitações, que pouco mais de um século depois podemos formular com clareza, em parte pelo ganho de impulso dos movimentos feministas e indígenas e pela crise do desenvolvimentismo e do cientificismo, *O Estado e a revolução* é uma obra imprescindível para compreender as vigas mestras que sustentam o aparato estatal em qualquer tempo e lugar, e também para pensar e repensar nossas enormes dificuldades de superar o horizonte estadocêntrico em nossas estratégias — e em nossos sonhos e desejos.

## Referências

ANDERSON, Perry. *Las antinomias de Antonio Gramsci*. Barcelona: Fontamara, 1973.

ARRIGHI, Giovanni; HOPKINS, Terence & WALLERSTEIN, Immanuel. "1968: el gran ensayo". *In*: ARRIGHI, Giovanni; HOPKINS, Terence & WALLERSTEIN, Immanuel. *Movimientos antisistémicos*. Madri: Akal, 1999.

BORÓN, Atilio A. "Gobiernos 'posprogresistas': la degradación de la prensa y la justicia", *La Tinta*, 21 ago. 2018.

BROUÉ, Pierre. *El partido bolchevique*. Madri: Ayuso, 1973.

CARR, Edward Hallett. *Historia de la Rusia Soviética. La Revolución Bolchevique (1917-1923)*. I. *La Conquista y organización del poder*. Trad. Soledad Ortega. Madri: Alianza Editorial, 1972.

GRAMSCI, Antonio. *Cuadernos de la cárcel*. Tomo 3. Cidade do México: Era, 1975. [Ed. bras.: *Cadernos do cárcere*, v. 3. Rio de Janeiro: Civilização Brasileira, 2007.]

HOBSBAWM, Eric. *Historia del siglo XX*. Madri: Crítica, 1995. [Ed. bras.: *Era dos extremos: o breve século XX*. Trad. Marcos Santarrita. São Paulo: Companhia das Letras, 1997.]

SANJUÁN, César Ruiz. "Estado, sociedad civil y hegemonía en el pensamiento político de Gramsci", *Revista de Filosofía y Teoría Política*, n. 47, 2016.

UZCÁTEGUI, Rafael. *Seguridad social: un informe integral*. Caracas: Academia Nacional de Ciencias, 1990.

# A REVOLUÇÃO DE 1968 NA AMÉRICA LATINA

Publicado em *Thread*, maio 2018.

## A abertura em direção a novas estratégias

Por trás e por baixo das multidões que ocuparam as grandes avenidas, produziram-se mudanças que perturbaram as relações de poder nos mais remotos rincões da vida social. Os acontecimentos de 1968 tomaram a forma de grandes manifestações nos espaços públicos, mas, nos interstícios da vida cotidiana, assumiram a configuração de múltiplos transbordamentos, que neutralizaram as velhas formas de controle, desde a família e a escola até os sindicatos e os partidos de esquerda.

Esse movimento de mão dupla, para fora e para dentro, abalou os poderes globais, em particular o consenso da Guerra Fria e a divisão do mundo em zonas de influência. Mas esse movimento contra o autoritarismo também perturbou as relações entre empresários e trabalhadores, professores e alunos, homens e mulheres, por ter colocado em questão todas as formas de autoridade.

Como assinala Immanuel Wallerstein, a revolução mundial de 1968 foi um grande incêndio que durou três anos e provocou graves danos às fundações do sistema-mundo, particularmente às relações Norte/Sul, ou centro/periferia. As nações do Terceiro Mundo desafiaram os poderes globais, dos trabalhadores rurais do Vietnã aos jovens da

Tchecoslováquia, onde as duas principais potências enfrentaram situações que feriram seu prestígio internacional e a legitimidade ante seus povos.

Na América Latina, o ciclo de protestos de 1968 teve algumas peculiaridades. A primeira é sua extraordinária duração. A Revolução Cubana (1953-1959) iniciou uma década de agitações e rebeliões, de mudanças profundas que elevaram os subordinados ao grau de sujeitos em condições de enfrentar as classes dominantes. As elites também sofreram mutações e, em meio à ofensiva dos de baixo, passaram a identificar melhor seus interesses de classe, abandonando qualquer pretensão democrática e se aliando aos militares, a quem saudaram como salvadores.

A segunda característica da década foi a expansão da luta armada, impulsionada por jovens de classes média e baixa das cidades e do campo, os quais interpretaram a entrada dos guerrilheiros em Havana como o sinal de partida de lutas que consideravam semelhantes, acreditando que elas seriam breves e bem-sucedidas. Toda uma geração se mostrou disposta a sacrificar inclusive a vida no altar da revolução, a qual parecia tão iminente quanto portadora de uma justiça social longamente adiada.

A terceira questão se relaciona com as novas ideias que surgiram na década de 1960 e eclodiram no entorno de 1968. Trata-se de três importantes correntes político-culturais originárias da América Latina: a Teologia da Libertação, a educação popular e as cosmovisões indígenas. Todas tiveram um papel importante nos movimentos que estavam nascendo naqueles anos, em todos os países.

A Teologia da Libertação despontou na segunda metade da década de 1960 e contribuiu para teorizar e aprofundar as práticas emancipadoras das comunidades eclesiais de base, que constituíram a forma como os cristãos se comprometeram com a transformação social. Em 1968, Gustavo Gutiérrez realizou uma conferência que é a base de seu livro *Teologia da Libertação*, publicado em 1971, peça teórica fundadora dessa corrente. A II Conferência Geral do Episcopado Latino-Americano, ocorrida em Medellín, na Colômbia, em 1968, consagrou a força da nova reflexão teológica e é o ponto de partida da criação de grupos de "sacerdotes do Terceiro Mundo", comprometidos com a "opção pelos pobres". Naqueles anos se produziu uma profunda inflexão, partindo-se da proposta do desenvolvimento rumo ao enfoque da libertação (Scannone, 2009).

A educação popular nasceu também na década de 1960, pelas mãos das experiências pedagógicas de Paulo Freire no Nordeste do Brasil. *Pedagogia do oprimido* foi escrito em 1968, mas publicado no Brasil apenas em 1974, alcançando a marca de 750 mil exemplares vendidos nos anos seguintes (Freire, 2000, p. 7). Essa corrente teve uma marca muito profunda nos movimentos sociais. Hoje podemos dizer que não existem movimentos na América Latina sem alguma relação com a educação popular, em particular com as metodologias participativas, na tensão por enfraquecer as hierarquias no interior dos movimentos e na formação dos militantes provenientes das camadas populares.

A terceira corrente a se destacar provém dos indígenas, transformados naqueles anos na fonte do pensamento mais renovador da região, que amalgamava anticapitalismo e anticolonialismo. É uma corrente sem o reconhecimento merecido, em grande medida porque quem protagonizou as revoltas de 1968, e as faces mais visíveis dos grandes acontecimentos, foram homens brancos de classe média, que difundiram um discurso racional e coerente, pelo menos na aparência. Alguns trabalhos teóricos, como *Manifesto de Tiahuanaco* (1973), e alguns eventos, como o Congresso Indígena de San Cristóbal de las Casas (1974), são parte do processo de conformação de um sujeito indígena rebelde que, anos depois, frutificou no katarismo aimará[24] e no neozapatismo.

Devem ser somadas a essas correntes a teoria da dependência em sua vertente marxista, desenvolvida por Ruy Mauro Marini e Theotônio dos Santos, e a teoria da marginalidade, que teve em Aníbal Quijano, José Nun e Miguel Murmis seus principais expoentes. Ambas tiveram influência tanto na Teologia da Libertação quanto na educação popular, já que refletiam sobre os problemas que afetavam os países e os setores populares do continente e trabalhavam para superá-los.

A quarta questão, central neste trabalho, é o nascimento de movimentos que encarnam indígenas, trabalhadores rurais e setores populares urbanos. Os grandes movimentos que irromperam na década de 1990 (desde os sem-terra e o zapatismo até aqueles dos bairros pobres nas cidades) se alimentaram das mudanças político-culturais geradas no fim dos anos 1960.

## Os novos movimentos nascidos da inflexão de 1968

Durante o ciclo de lutas a que denominamos *revolução de 1968*, houve uma série quase ininterrupta de mobilizações em áreas rurais e grandes cidades. Na América Latina, o

---

24 Tendência política presente na Bolívia que leva o nome inspirado no líder Túpac Katari. Três fatores culminaram em sua criação: a ausência de demandas agrárias; a opressão do Estado; e o surgimento de uma elite indígena. [N.E.]

movimento mais conhecido foi o protagonizado pelos estudantes no México. Ficou gravado na memória coletiva pelo Massacre de Tlatelolco, ocorrido em 2 de outubro de 1968, no qual militares assassinaram centenas de jovens numa praça da capital do país para facilitar a celebração "pacífica" dos Jogos Olímpicos.

Houve outros movimentos menos conhecidos, mas que marcaram decisivamente a configuração da cena política nos principais países do continente e, sobretudo, a irrupção de novos sujeitos até então invisibilizados. As periferias das grandes cidades sofreram a maior transformação imaginável, com a invasão de milhões de migrantes que ocuparam terras ilegalmente, construíram bairros e moradias, desafiaram as autoridades e as grandes empresas imobiliárias. Podemos estimar que 60% das cidades latino-americanas têm sido construídas por esses migrantes.

Na cidade de Monterrey, no México, funda-se em 1973 o bairro Tierra y Libertad, com apoio dos estudantes que haviam participado das mobilizações de 1968. Até 1980, foram criados quarenta bairros, com órgãos de poder e autodefesa da comunidade e um padrão comum de organização, que consiste em assembleias gerais por quarteirão, eleição de delegados rotativos, cooperativas de produção, comércio e transporte e a construção de uma escola primária administrada pela comunidade, bem como serviços de água, eletricidade e esgoto. Foi o maior e mais pujante movimento urbano da América Latina e chegou a contar com cem mil ocupantes (Castells, 1986; Moctezuma, 1999).

A cidade de Lima, capital do Peru, viveu um processo ainda mais profundo de ocupação dos migrantes andinos, os quais protagonizaram um "transbordamento popular" que levou a cidade de um milhão a seis milhões de habitantes em trinta anos (Matos Mar, 2004). A ocupação por milhares de famílias de um areal deserto na periferia sul de Lima, em abril de 1971, é o caso mais emblemático desse transbordamento. O bairro foi batizado pelos moradores como Villa El Salvador e, com o passar dos anos, se tornou um distrito da cidade, com 350 mil habitantes. Tudo foi construído a partir do zero, com base no princípio andino da reciprocidade e da *minga*, ou trabalho coletivo: as moradias, as ruas, os serviços de água, luz, educação e saúde; assim também montaram mercados, espaços produtivos e serviços de transporte.

Cada quarteirão contava com secretários de saúde, educação, produção, comercialização e vigilância, alcançando níveis de autogestão conhecidos apenas nas zonas rurais. A primeira convenção da ocupação, celebrada em julho de 1973, decide nomear-se Cuaves, sigla para Comunidad Urbana Autogestionaria de Villa El Salvador [Comunidade urbana autogerida de Villa El Salvador]. A organização administrava as torneiras comuns de água, o orçamento, as empresas comunais de confecção, de blocos, de carpintaria e a farmácia. A Cuaves realizou um plano para que os ocupantes construíssem suas casas, criassem fontes de trabalho, não perdessem dinheiro no comércio capitalista, fizessem empréstimos entre si com juros muito baixos, dirigissem suas empresas e assembleias e, desse modo, socializassem o poder.

Até mesmo em Buenos Aires, a cidade mais europeia do continente, os trabalhadores informais foram criando seus próprios bairros, com duas vertentes distintas. A primeira começa na década de 1960 e é conhecida como *villas miséria*, uma ocupação espontânea de espaços em meio à grande cidade, por agregação individual das famílias. O resultado são bairros irregulares — bem diferenciados da cidade consolidada ao redor —, nos quais os padres do Terceiro Mundo e os militantes de esquerda fizeram um forte trabalho de organização.

A segunda se produziu a partir da década de 1980 e é conhecida como "assentamentos", uma genealogia muito similar à dos trabalhadores sem-terra do Brasil. A palavra "assentamento" remete à imagem bíblica de se assentar depois de ter atravessado o deserto, já que boa parte das camadas populares participantes dessas experiências era oriunda das comunidades eclesiais de base.

Os dois movimentos mais conhecidos relacionados com as mudanças provocadas pela revolução de 1968 são o Exército Zapatista de Libertação Nacional (EZLN), no México, e o Movimento dos Trabalhadores Rurais Sem Terra (MST), no Brasil. No meu modo de ver, são as duas experiências mais completas ou integrais de mudar o mundo a partir de baixo, embora cada uma delas esteja guiada por estratégias bem diferentes. O EZLN propõe a construção de novos mundos autônomos, sem relações com o Estado nem com os partidos eleitorais. O MST, pelo contrário, pretende uma revolução cujo eixo consiste na tomada do poder, mantém fortes relações com o Estado (do qual recebe subsídios) e com os principais partidos de esquerda.

A importância de ambos consiste em transitar por novas estratégias. Wallerstein nos lembra que a estratégia em "dois passos" — tomar o poder para depois mudar o mundo — havia sido criada pelos movimentos antissistêmicos depois da Comuna de Paris e se manteve vigente até 1968. Nesse período, o fracasso do segundo passo era evidente, já que nem as revoluções socialistas, nem os processos de libertação nacional e descolonização haviam alcançado seus objetivos. Mas a construção de uma estratégia alternativa não pode ser produzida em pouco tempo, pois supõe mudanças na cultura política que são, necessariamente, prolongadas e complexas (Wallerstein, 2004).

O MST faz parte, justamente, da busca por novos modos de mudar o mundo. Em sua formação, está influenciado por três correntes: a Teologia da Libertação, a educação popular e as experiências guerrilheiras de resistência à ditadura instalada em 1964 no Brasil. Em três décadas, recuperou 25 milhões de hectares, nos quais foram criados cinco mil assentamentos habitados por dois milhões de pessoas. O MST se insere em uma longa linhagem de lutas dos trabalhadores rurais e reivindica o legado das Ligas Camponesas, desarticuladas pelo golpe militar de 1964.

As primeiras ocupações ocorrem na década de 1970, no Sul do país. O MST nasce de maneira formal em 1984, após vários encontros regionais de assentados, acampados e coletivos em processo de organização, em meio a uma forte mobilização nacional contra a ditadura (1964-1985). Em pouco mais de duas décadas, as 350 mil famílias assentadas pelo MST contavam com 1,9 mil associações de produção, comercialização e serviços, cem cooperativas de produção agropecuária, cooperativas regionais de crédito e comércio, e cem agroindústrias (Morissawa, 2001, p. 167).

O aspecto mais notável do movimento é o trabalho educativo, que o levou a erguer duas mil escolas nos assentamentos, as quais são frequentadas por duzentos mil meninos e meninas e onde se alfabetizaram cinquenta mil adultos. Além disso, o movimento patrocina cem cursos em parceria com universidades do país, nos quais estudam dois mil sem-terra. Conta ainda com a Escola Nacional Florestan Fernandes, espaço de formação de militantes de toda a América Latina. O MST tem desenvolvido uma pedagogia da terra, que considera o "movimento social como princípio educativo", o que implica ultrapassar o papel tradicional da escola e do docente, sob o princípio de "transformar-se transformando" (Caldart, 2000, p. 204). Trata-se de uma proposta emancipadora, na qual deixa de haver um espaço educativo especializado para que todos os espaços, todas as ações e todas as pessoas transformem-se em espaços-tempos e sujeitos pedagógicos.

Apesar de ser um movimento que expressa um discurso e uma simbologia em sintonia com a III Internacional, o MST é uma peça central nessa inflexão rumo a novas estratégias. Na prática, realiza uma reforma agrária a partir de baixo, sem esperar a conquista do poder político. Não apenas ocupam terras improdutivas de latifundiários, mas vão formando nelas novos mundos a cada assentamento, com base em relações sociais diferentes das hegemônicas.

Sua experiência é muito similar à realizada por outros movimentos, tanto rurais quanto urbanos, em toda a região. Talvez um ponto crucial dessa inflexão tenham sido as experiências urbanas, como a ocorrida em Nueva La Habana, em Santiago do Chile, em 1970. Na década de 1960, um a cada três habitantes da capital chilena vivia em "acampamentos", espaços tomados nos quais os "sem-teto" se instalavam para exigir moradia do Estado. Algumas dessas ocupações começaram a construir pequenos "mundos novos": escolas para as crianças, porque o Estado dizia não ter recursos; centros de saúde para emergências; formas de proporcionar justiça, porque as instituições não existiam e, quando apareciam, pelas mãos da polícia, os resultados eram ainda piores.

Nueva La Habana foi um acampamento planejado pelo Movimiento de Izquierda Revolucionaria [Movimento de esquerda revolucionária] (MIR) e integrado por pouco mais de 1,5 mil famílias que se instalaram em um amplo espaço nos arredores da capital chilena. Organizaram-se em 24 quarteirões; em cada um deles alojavam-se 64 famílias, em perfeita ordem quadriculada. Por estar distante dos serviços estatais e apesar de existir um governo de esquerda que os apoiava, o acampamento dotou-se de serviços de educação, saúde, comunicações, abastecimento e justiça. As moradias foram construídas pelos próprios moradores.

A experiência da escola foi a mais notável, pois a comunidade se envolveu na gestão e, com isso, modificou as práticas pedagógicas. Os docentes ficaram sujeitos ao controle territorial dos moradores, que podiam vetá-los ou aceitá-los, mas que, sobretudo, queriam conhecer seus pontos de vista. Isso gerou conflitos entre a cultura popular e a cultura escolar estatal, que se expressaram no controle do tempo e do espaço nas salas de aula (Salinas, 2017).

Como muitas outras experiências, a de Nueva La Habana representava a busca por algo diferente. Seus integrantes não sabiam exatamente do que se tratava, mas na prática começaram a construir o mundo novo, sem esperar a tomada do poder pelos partidos de esquerda. Sabiam o que não queriam: estar subordinados a uma força de cima que lhes assinalasse o rumo, fosse este de direita ou de esquerda.

### Entre as novas e as velhas estratégias

A nova geração de movimentos começou a transitar por caminhos diferentes dos que as gerações anteriores haviam percorrido. Não o fez como consequência de um balanço prévio, mas com base em outra lógica, interior, afetiva, profundamente espontânea, ao sentir que as formas de ação do passado tinham cada vez menos sentido.

Os movimentos foram transitando da estratégia em dois passos para algo inédito, ainda difícil de nomear, mas que podemos dizer que consiste na criação de outra sociedade, aqui e agora, e ao mesmo tempo em defendê-la dos poderes e em particular dos aparatos armados do Estado.

Trata-se de uma estratégia dupla: resistir e criar. A criação é o aspecto fundamental, por apontar na direção de que os mundos novos podem ter um papel relevante na reconstrução da humanidade, após o colapso sistêmico que, segundo os zapatistas e muitos de nós, parece mais que provável, embora seja impossível determinar quando ocorrerá.

Nesse ponto, quero destacar três questões, com a convicção de que a construção de novas estratégias é um processo longo, que pode ter começado por volta de 1968, mas está longe de terminar e, seguramente, será sempre inacabado.

A primeira é o notável ativismo de mulheres e jovens, das camadas populares urbanas, de indígenas e negros, portadores de uma atitude antipatriarcal e anticolonial, transformados no núcleo ativo dos novos movimentos. A irrupção desses setores sociais representou um desafio inédito ao patriarcado, ainda longe de ter sido concluído.

Desde então, os jovens e as mulheres começaram a se sentir incomodados em organizações verticais, nas quais estão condenados a ocupar os degraus mais baixos das hierarquias — que, portanto, acabam sendo mais opressivos. Eles e elas desarticularam e extravasaram os espaços de disciplinamento, desde a família e a escola até o ambiente de trabalho, mas também as organizações que as gerações anteriores haviam construído para lutar pela emancipação, como os partidos e os sindicatos. Lembremos que nessas instâncias foi gestada a estratégia em dois passos, desarticulada junto aos aparatos da disciplina.

Em paralelo, os indígenas e os negros se envolviam em organizações diferentes, como as comunidades e os quilombos, que não dissociam a vida cotidiana da ação coletiva.

A segunda questão diz respeito aos modos como se constroem essas novas estratégias. Ficaram para trás os anos em que tanto a estratégia quanto a tática eram elaboradas por comitês centrais ou pela direção de grupos políticos, e depois comunicadas às "bases" ou às "massas" — conceitos que falam de uma relação de comando e obediência.

Dois aspectos merecem ser destacados. Por um lado, as novas estratégias não são elaboradas por homens brancos com diploma universitário, de forma racional, em espaços fechados. Mais ainda, como acontece com o zapatismo, nem sequer há uma estratégia já desenhada, mas caminhos que vão sendo trilhados, picadas abertas a facão na floresta, sem saber exatamente a qual lugar conduz o trajeto que se vai abrindo. O aspecto que pretendo enfatizar é que a relação teoria/prática aparece completamente perturbada, o fazer ocupa o lugar central e a elaboração teórica é consequência do lugar de enunciação, que ocorre a céu aberto e com a participação de milhares de pessoas. Os cadernos compartilhados pelos zapatistas na Escuelita foram elaborados por centenas de membros da comunidade em assembleias, com base na reflexão crítica de suas práticas de vida e de resistência.

Por outro lado, deve ser destacado o trânsito com base no protagonismo dos militantes tradicionais para a centralidade das comunidades e dos povos na elaboração dos objetivos dos movimentos. O melhor testemunho conhecido é o do Subcomandante Insurgente Marcos, do EZLN. Em suas palavras, eles fracassaram na hora de atuar como vanguarda porque os indígenas não compreendiam sua mensagem e, assim, não estavam dispostos a se deixar guiar pelos guerrilheiros. Como única forma de poder continuar o trabalho com as comunidades, aceitaram modificar tanto o discurso quanto a prática e começaram a "obedecer" às decisões das assembleias comunitárias (Marcos, 2006).

Essa inflexão político-cultural implicou uma mudança de estratégia, tão radical quanto nenhuma outra organização pôde realizar até o momento. O EZLN se constrói como o exército das comunidades, não em uma relação tradicional de comando e obediência, mas como uma nova cultura política que trabalha para os povos se organizarem, como fermento ou levedura, sem pretender marcar o rumo nem atuar como vanguarda. Por isso os povos zapatistas têm se dotado de mecanismos de poder, como as Juntas de Buen Gobierno, que geram as decisões das bases e são o cerne do autogoverno. O exército está ali para defender os espaços de qualquer agressão e para fazer cumprir o que as regiões, os municípios e as comunidades decidem.

A terceira questão a destacar consiste no ainda escasso corpo de reflexões sobre as novas estratégias, em parte porque são muito poucos os movimentos transitando de modo consciente por novos caminhos. O núcleo da estratégia em construção gira em torno da autonomia e do autogoverno para forjar o novo — ou seja, recuperar territórios e defendê-los, para poder fazer algo original nesses espaços.

Apenas o zapatismo teve até agora a capacidade de percorrer uma nova estratégia e ainda formular ideias sobre ela. Um aspecto que diferencia essa proposta de tudo que a precede, e que sinto ser uma ruptura política, estratégica e epistemológica, é a renúncia a governar os outros — por isso não querem o poder do Estado. Incentivam todos os povos, grupos sociais e territórios rurais e urbanos a se autogovernar, criando as próprias táticas de emancipação. Por essa razão, não pode haver apenas uma estratégia válida para todos os povos em todo o planeta. Cada povo deverá descobrir o próprio caminho e fazer o possível para percorrê-lo, com o apoio de outros grupos, que não devem substituí-los como sujeitos coletivos.

## Referências

CALDART, Roseli Salete. *Pedagogia do Movimento Sem Terra: escola é mais do que escola*. Petrópolis: Vozes, 2000.

CASTELLS, Manuel. *La ciudad y las masas. Sociología de los movimientos sociales urbanos*. Madri: Alianza Editorial, 1986.

FREIRE, Paulo. *Pedagogía del oprimido*. Trad. Jorge Mellado. Tres Cantos: Siglo XXI, 2000. [Ed. bras.: *Pedagogia do oprimido*. São Paulo: Paz & Terra, 2019.]

MATOS MAR, José. *Desborde popular y crisis del Estado: veinte años después*. Lima: Fondo Editorial del Congreso del Perú, 2004.

MOCTEZUMA, Eduardo Matos. *La casa prehispanica*. Cidade do México: Instituto del Fondo Nacional de la Vivienda para los Trabajadores, 1999.

MORISSAWA, Mitsue. *A história da luta pela terra e o MST*. São Paulo: Expressão Popular, 2001.

SALINAS, Camila Silva. *Escuelas pobladoras — Experiencias educativas del movimiento de pobladoras y pobladores: La Victoria, Blanqueado y Nueva La Habana (Santiago, 1957-1973)*. Santiago: Quimantú, 2017.

SCANNONE, Juan Carlos. "La filosofía de la liberación: historia, características, vigencia actual", *Teología y Vida*, v. L, 2009, p. 59-73.

SUBCOMANDANTE INSURGENTE MARCOS. "Palabras en la Casa Museo del Doctor Margil A. C.", *Contrahistorias*, n. 20, México, 2006, p. 43-8.

WALLERSTEIN, Immanuel. *Análisis de sistemas-mundo: una introducción*. Tres Cantos: Siglo XXI, 2004.

# AUTONOMIA E AUTOGOVERNOS DEPOIS DO PROGRESSISMO

Publicado em MAKARAN, Gaya; LÓPEZ, Pabel & WAHREN, Juan (org.). *En vuelta a la autonomía: debates y experiencias para la emancipación en América Latina.* México: Bajo Tierra, 2019, p. 203-18.

Na década de 1990, nasceram em muitos territórios da América Latina experiências de autogestão e autonomia, como respostas dos movimentos sociais à ofensiva neoliberal privatizadora inspirada no Consenso de Washington. O movimento zapatista é a mais conhecida e a mais ampla, já que com o passar dos anos pôde colocar em funcionamento o autogoverno de cinco regiões do estado de Chiapas, no México, que abrigam 34 municípios autônomos e mais de mil comunidades.

Um leque de movimentos cresceu naqueles anos, desde o *piquetero* na Argentina (Zibechi, 2003; Svampa & Pereyra, 2003) até os sem-terra no Brasil (Fernandes, 2000). Eles encarnam as experiências urbanas e rurais mais pujantes da região, que caminham com as lutas indígenas para completar a trilogia dos movimentos mais relevantes da América Latina. A trajetória de *piqueteros* e sem-terra pode sintetizar o ocorrido em todo o continente na última década. O primeiro se desagregou entre três caminhos distintos: a cooptação pelo governo Kirchner, a dispersão das organizações e, por último, a transformação, já que uns poucos coletivos se tornaram centros sociais e culturais ou uma variedade de experiências territoriais, como as cem escolas populares de ensino médio profissionalizante autogeridas onde estudam mais de cem mil pessoas (Gemsep, 2015).

Os sem-terra, por sua vez, mantêm uma evolução contraditória. Por um lado, uma forte aproximação com os governos do Partido dos Trabalhadores (PT), que apesar disso não resultou em ampliação da reforma agrária, embora o Estado tenha liberado fundos para educação e moradia do movimento. Nos últimos anos, porém, as mulheres e os jovens LGBT nos assentamentos têm criado coletivos de novo tipo, de caráter feminista, gay, lésbico e transexual, resultando em intenso debate e na incorporação de novas gerações que, de outro modo, estariam emigrando para as cidades, abandonando o movimento (MST, 2017).

Após uma longa década de governos progressistas, os debates sobre a autonomia e as práticas autônomas parecem ter se transformado; abandonaram o palco e têm se refugiado nas dobras menos visíveis dos movimentos antissistêmicos. Menos movimentos mantêm o discurso autonomista, mas muitos continuam realizando práticas nessa direção e se autogovernam em espaços próprios, conquistados com luta ou cedidos pelo Estado. A principal diferença é a atual necessidade de questionar e explorar práticas concretas e atender menos aos discursos ideológicos.

Vários processos confluíram para essa mudança. Por um lado, os governos progressistas têm apoiado com fundos abundantes diversas iniciativas dos movimentos, produzindo um efeito de cooptação ou de neutralização dos traços anticapitalistas das organizações. Por outro, tem ganhado terreno a proposta de "jogar no campo principal", como alguns denominam a competição no terreno eleitoral, pois consideram que as "ilhas de autonomia" não conseguem abalar o sistema.

Uma terceira questão se relaciona às enormes dificuldades dos coletivos que trabalham de forma autônoma para se sustentar ao longo do tempo com base em seus próprios esforços e lançar pontes rumo a outros grupos similares para empreender ações mais potentes e desafiadoras. Em resumo, não estamos passando por bons momentos nós que apostamos pela construção de espaços de autonomia, com estilos de trabalho apoiados na autoconstrução de mundos novos.

## Movimentos e políticas sociais

O panorama geral apresentado pelos movimentos no início de 2019 inclui duas realidades aparentemente opostas: forte ampliação do movimento feminista, com grande capacidade de mobilização e contestação, por um lado, e, em paralelo, a fragilidade de fundo do conjunto de movimentos, o que lhes impede de voltar a ter um papel central no cenário político e compromete a capacidade destituinte que tiveram na década de 1990 e no início dos anos 2000. Recordemos que, entre o Caracazo de 1989 e a segunda guerra do gás em 2005 (na Venezuela e na Bolívia, respectivamente), os setores populares derrubaram mais de dez governos na América do Sul. Desde a restauração conservadora, porém, não têm mostrado essa capacidade, verificando-se um sério refluxo em países como Brasil e Equador.

As causas não são difíceis de encontrar. Os governos progressistas têm erodido as bases sociais das organizações populares, com suas políticas sociais destinadas a "combater a pobreza". Os setores populares responderam a esse reconhecimento com uma adesão importante a esses governos, que se revela no respaldo eleitoral e político e, com frequência, em uma atitude de apoio a pessoas concretas dentro da administração estatal. O resultado tem sido uma nova governabilidade, a qual facilitou que as administrações progressistas contassem com bases sociais afins a seus projetos e modos de fazer.

Por outro lado, uma década e meia de relações estreitas dos movimentos com os governos progressistas provocou mudanças internas como consequência do fluxo de recursos públicos recebidos, que podem ser resumidas na aparição de "hierarquia, orçamento fixo, fontes de recursos regulares, formação política e técnica própria, equipamentos e setor administrativo".[25] A institucionalização dos movimentos ocorreu em paralelo com mudanças nos modos de fazer e nas culturas políticas. Começaram a ser priorizadas as relações com governos municipais, estaduais e nacional, e a aceitação das transferências monetárias passou a ser vista como algo normal e legítimo, o que colocou no centro a gestão e a administração desses recursos, enfraquecendo a luta pela transformação da realidade. O modelo extrativista continua a ser denunciado, porém com mais ênfase nas consequências ambientais e sociais do que na necessidade de abandonar esse modo de acumulação.

Em todo o continente, assistimos a uma perda da potência das assembleias como espaços de democracia direta, pois muitos dirigentes e militantes dedicam mais energia às relações com as instituições, e não aos trabalhos de base, como formação e mobilização. No Brasil, 75% dos municípios têm alguma modalidade de participação social para determinar as prioridades de investimento, e diante disso o sociólogo Rudá Ricci, com base na experiência brasileira, assegura que "os movimentos sociais que antes exigiam inclusão social ingressaram no Estado e foram engolidos pela lógica da burocracia pública".[26]

---

25 RICCI, Rudá. "'Com o fim da era dos movimentos sociais foi-se a energia moral da ousadia'", *Revista do Instituto Humanitas Unisinos*, 30 nov. 2009.
26 RICCI, Rudá. "Fim da era dos movimentos sociais", *Folha de S.Paulo*, 20 out. 2009.

A migração massiva do voto da esquerda brasileira, ancorada antes no Sul e no Sudeste e agora poderosa no Nordeste, é bastante reveladora de uma mutação política de longa duração que afeta em cheio os movimentos. Até 2002, quando Lula ganhou as eleições pela primeira vez, o voto do PT esteve mais presente em São Paulo e em estados sulinos e sudestinos, onde haviam nascido a Central Única dos Trabalhadores (CUT) e o PT, com longa trajetória de comunidades eclesiais de base, e onde se criou também o Movimento dos Trabalhadores Rurais Sem Terra (MST).

Nesse sentido, o ato de votar é muito similar ao ato de consumir. Trata-se de uma decisão pessoal guiada pelas satisfações (pessoais) que podem ser obtidas desse jeito. As políticas sociais promoveram a integração por meio do consumo, o que constitui uma aberração profunda do ponto de vista da emancipação, com consequências nefastas para os movimentos autônomos (Machado & Zibechi, 2016).

### As autonomias realmente existentes

Uma viagem realizada em 2018 por diversos lugares que abrigam movimentos argentinos na província de Córdoba, tanto na capital de mesmo nome como na região de Traslasierra, bem como visitas aos coletivos das províncias de Santa Fé e Paraná, permitiram que eu sondasse outros debates e modos de trabalho.[27] Um deles é a diversificação do que se

---

[27] Devo acrescentar, no mesmo ano, a participação em encontros com movimentos indígenas da serra Tarahumara e em Oaxaca (México), com a população mapuche rural e urbana

entende por autonomia, até o ponto em que muitos coletivos se consideram realmente autônomos, embora recebam fundos do Estado. Eles separam a autogestão e o autogoverno do espaço próprio, e os recursos financeiros recebidos da institucionalidade.

Lembremos que na década de 1990, em meio ao entusiasmo com o levante zapatista de 1994, que colocou a autonomia como demanda central, os movimentos sul-americanos, e em particular os setores *piqueteros*, se autodefiniram como autônomos do Estado, dos partidos, das igrejas e dos sindicatos. Tratava-se de autonomia política, embora na maioria das vezes isso tenha ficado apenas como declaração, já que desde o princípio os movimentos territoriais de desempregados construíram sua organização com base em planos sociais dos governos regionais e municipais.

Após mais de uma década construindo organizações com base nessas políticas, o consenso instaurado continua a falar de autonomia (aliás, para uma parcela reduzida dos movimentos), mesmo que não se questione o fato de receber fundos dos governos. Essa contradição evidente foi abordada com a já mencionada separação dos conceitos de autonomia e autogestão/autogoverno. Não são autônomos, embora desejem sê-lo, mas podem, apesar disso, governar cada espaço segundo seus desejos ou projetos políticos. Sem ser autônomos, podem dizer que fazem autogestão.

O principal problema que encontro nessa atitude — que me parece honesta e transparente porque ninguém nega rece-

---

em Temuco e Santiago (Chile), com antimineiros em Cajamarca (Peru) e movimentos negros nas favelas do Alemão e da Maré, no Rio de Janeiro (Brasil). A maioria mantém debates sobre o que é ser autônomo neste momento.

ber recursos do Estado — é a escassa reflexão sobre as consequências disso na cultura política. A inflexão produzida pouco depois de 2010 rumo ao terreno eleitoral, paralelamente à tendência de abandonar ou enfraquecer o trabalho territorial como aposta estratégica, teria alguma relação com a política de construir organizações com base em planos sociais? Quais consequências tiveram os planos na organização e na cultura política no interior dos movimentos?

É evidente que o Estado tem se reposicionado nas sociedades com governos progressistas, e também ganhado espaços nos pensamentos dos militantes e nos modos de operar das organizações. Mais que colocar isso em questão, parece-me necessário debatê-lo. Não avalio como positivo naturalizar o papel estatal nem concorrer em eleições, tarefa na qual se colocam os maiores esforços e não poucos recursos, sem medir as consequências de longo prazo dessas decisões.

Apesar disso e de tudo já comentado, as práticas autonômicas existem, não desapareceram, sustentam-se e se reproduzem em numerosos coletivos, para além das definições de cada um. Intuo que a autonomia como proposta política atrai maior simpatia do que a capacidade dos coletivos em ser realmente autônomos; que as práticas autônomas são bem mais numerosas do que os coletivos que dependem apenas de seus esforços.

Questiono-me sobre as razões disso, e encontro várias.

A primeira é que a autonomia atrai simpatias sociais e culturais, como ideia-força que modela a tensão emancipatória. Sem dúvida, o zapatismo tem influência maior do que imaginamos. Essa influência é indireta e não necessariamente "política" (no sentido tradicional do termo). Os coletivos que vão se transformando em referência antissistêmica em cada país da região, como os Mapuche do Chile e da Argentina, os povos Guarani do Brasil e a comunidade Quéchua que resiste à mineração no Peru e na região andina, praticam diversos graus de autonomia e se identificam com ela.

A autonomia, com diversos nomes, é a prática política mais prestigiosa entre povos, setores sociais e pessoas ativas, entre comunidades negras do Brasil e da Colômbia (quilombos e palenques), entre as periferias urbanas das grandes cidades que estão sendo subjugadas pela especulação imobiliária e, claro, entre os povos originários defensores da vida e da terra/território.

O movimento feminista mostra profunda empatia diante das práticas autônomas e vem reforçar as tendências à autonomia popular, com suas características próprias e uma capacidade de mobilização criativa impactante. Movimento mais importante durante a agonia progressista, o feminismo recupera o autonomismo e lhe dá uma projeção notável, inclusive nas lutas que reivindicam do Estado o direito ao aborto.

A segunda é que a heteronomia (a dependência de governos/partidos/Estado) tem péssima reputação. A relação com as estruturas patriarcais e coloniais pode ser analisada como uma necessidade por um setor dos movimentos, mas de modo algum essa atitude desperta entusiasmo, adesões unânimes ou deseja se transformar em subordinação.

Vejamos o caso da inflexão rumo ao terreno eleitoral ocorrida na Argentina. Embora seus resultados tenham sido nefastos, em menos de uma década tornou-se uma política neutralizada e está em vias de ser deslegitimada, porque o terreno institucional aparece vinculado — na consciência de nossos povos — a corrupção, vantagens pessoais e reprodução das piores práticas da velha cultura política. Depois dos julgamentos de Lula e Cristina Kirchner, da repressão imposta por Daniel Ortega na Nicarágua e do desgoverno de Nicolás Maduro na Venezuela, as instituições estatais são cada vez menos defendidas como ferramentas de emancipação. Somente poucos intelectuais acomodados e militantes cegados pela ofensiva da direita continuam a defender o progressismo.

A terceira é que o sistema, em sua fase financeira/extrativa, de Quarta Guerra Mundial, nos afoga, não nos deixa respirar — por isso a autonomia é uma prática imprescindível para a sobrevivência. Como assinalam os zapatistas, o capitalismo na fase atual é um sistema que se propõe a deslocar populações para transformar os bens comuns em mercadorias.

Nesse ponto, vejo um diálogo profundo entre as feministas e os povos que sofrem com o extrativismo. O patriarcado e o machismo estão mostrando sua faceta genocida, com a multiplicação de feminicídios que afetam em particular as mulheres negras, indígenas e das camadas populares. O colonialismo e o racismo atuam do mesmo modo contra os mesmos grupos populares. Capitalismo, patriarcado e colonialismo se entrelaçam porque têm em comum a necessidade de controlar os povos da cor da terra — principal obstáculo para continuarem acumulando riquezas.

Assim como as mulheres necessitam de seus próprios espaços para se encontrar com confiança, espaços seguros nos quais possam se irmanar, os diversos grupos de baixo compostos por diferentes cores e povos precisam construir suas arcas, a fim de sobreviver às tempestades da espoliação. Esses espaços/arcas/territórios que resistem e criam outros mundos fazem-no de modo autônomo em relação ao capital e ao patriarcado. Quero interpretar as centenas de organizações existentes nos rincões mais remotos de nosso continente como espaços de sobrevivência e criação que, embora não o proclamem, praticam um mínimo de autonomia real, para além da discursiva.

Entre essas práticas autônomas de autogoverno que podemos reconhecer em todos os países latino-americanos, encontramos algumas características comuns que desejo analisar separadamente.

A primeira é a de abrigar grupos muito variados, não dedicados ao que se entende por "política", no sentido de disputar o poder na sociedade, mas voltados a atividades culturais (música, dança, rádios livres, editoras e revistas independentes), sociais (educação popular, comércio justo, alimentação saudável) e produtivas (fabricação de pães e cultivo de alimentos orgânicos, artesanato e práticas de reciclagem). Fazem política a partir de baixo, sem pretender "subir" rumo às instituições.

A segunda é que esses grupos costumam compartilhar ideias e práticas ambientalistas ou ecologistas, negam-se a se dobrar ao consumismo, formam redes de resistência à mineração e a monoculturas como a soja, bem como à especulação imobiliária urbana. Nem todos são completamente autônomos, no sentido de se apoiarem em seus próprios recursos, mas questionam a participação nas eleições e gerem o espaço e o tempo segundo seus critérios. A maioria tem construído locais de autoformação, o que contribui para potencializar as práticas autônomas.

A terceira questão trata de um segmento muito amplo, que não costuma estar vinculado a uma estrutura organizacional estável. A tendência é que os coletivos se agrupem para uma atividade concreta ou para campanhas limitadas no tempo, depois cada organização segue seu rumo. Na verdade, existem vínculos estáveis entre várias delas, mas elas não estão sujeitas a um aparato orgânico que as supera. Existem coordenações nacionais, regionais e setoriais. Mas cada grupo que as integra é — neste caso, o termo se aplica perfeitamente — autônomo na hora de tomar suas decisões, sem ter de se submeter à coordenação a que pertence. Acredito, por isso, que a autonomia abarca bem mais espaços que aqueles que se definem como autônomos.

A autonomia tem se transformado profundamente desde que emergiu na década de 1990, influenciada pelo zapatismo, pela debacle dos partidos da velha esquerda, pelo neoliberalismo que destruiu os Estados de bem-estar e por um sindicalismo funcional ao sistema. A maioria dos militantes tem clareza de que as políticas sociais do Estado buscam domesticar os movimentos, e parece ter aprendido a neutralizá-las.

Em um dos vários encontros de que participei nos últimos anos, um dos grupos de trabalho destacou a importância de refletir sobre "como nos abraçamos a partir de baixo". Enquanto avançam para reconhecer as dependências que mantêm não apenas do Estado mas também do mercado, evoluem no esclarecimento dos modos de se relacionar, para ampliar resistências e lutas, enquanto tecem o novo. Não é pouco para tempos tão difíceis.

## Os labirintos do pensamento crítico

Ainda é muito cedo para avaliar como o último ciclo de lutas tem influenciado o pensamento crítico latino-americano, e também como o ciclo progressista afetou os intelectuais latino-americanos. Na minha opinião, os impactos têm sido tremendos. Como demonstração disso, temos a afirmação de um dos mais influentes pensadores da atualidade, Boaventura de Sousa Santos, que é português, mas muito considerado na região. No Fórum Social Mundial de 2010, ele destacou que agora existe um "novíssimo movimento social que é o próprio Estado". Na direção contrária de todo o pensamento crítico autônomo, ele acrescentou ainda que o Estado atual é "uma relação social contraditória e uma relação que pode ser apropriada pelas classes populares, se não totalmente, pelo menos, parcialmente".[28]

O pensamento crítico latino-americano está em sua maior parte voltado a apoiar e justificar as políticas dos governos progressistas e revela grandes dificuldades em dar conta do novo modelo hegemônico, baseado na exportação de commodities (soja, minerais ou hidrocarbonetos), que esse setor intelectual não questiona. O caso da Bolívia é excepcional. O maciço apoio inicial dos pensadores locais ao governo de Evo Morales e Álvaro García Linera foi se desgastando com o passar do tempo, até engrossar quase massivamente o campo da oposição depois do *gasolinazo* de dezembro de 2010.[29] As primeiras deserções isoladas ocorreram entre os intelectuais aimará, mas nos últimos anos houve uma reviravolta que acompanha as críticas de amplos setores da população e de vários movimentos sociais que tomaram distância do governo.

Uma das maiores surpresas é a incapacidade dos intelectuais de esquerda de questionar os principais dirigentes (como Lula, Rafael Correa e Cristina Kirchner) e sua alegação de que as acusações e os julgamentos por corrupção são meras manobras da direita e do imperialismo. As principais exceções ocorrem no Equador e na Venezuela, onde personalidades como Alberto Acosta e Edgardo Lander têm sabido manter o tom crítico, apesar do isolamento político e social.

---

28 SANTOS, Boaventura de Sousa. "O Fórum Social Mundial desafiado por novas perspectivas", *Revista Instituto Hamanitas Unisinos*, 29 jan. 2010.
29 *Gasolinazo* é como ficou conhecido o decreto do governo da Bolívia que retirou subsídios de combustíveis, em dezembro de 2010, acarretando uma série de protestos pelo país. [N.T.]

A questão mais importante, do ponto de vista do pensamento crítico em um olhar de longa duração, é a incorporação de novos temas. O último ciclo de protestos introduziu um conjunto de reflexões sobre a dupla dimensão das rebeliões: os fatos históricos produzidos pelos movimentos e a projeção que prefigura a nova sociedade, ou seja, a multidão de iniciativas produtivas, educativas e de saúde que se instauram enquanto resistem ao modelo.[30]

Na última década, em quase todos os países da região tem sido publicada uma infinidade de trabalhos sobre fábricas recuperadas, agricultura sustentável e familiar, saúde comunitária, tradicional e alternativa, educação popular e universidades, incluindo alguns artigos sobre formas de poder não estatal nos territórios autogeridos pelos movimentos. Em períodos anteriores, o pensamento crítico concentrou-se quase exclusivamente em compreender as conjunturas políticas, as relações de força em escala local e global, em definir as forças motrizes e os objetivos dos combates antissistêmicos, entre outros.

Uma parcela destacada do pensamento crítico dedicou-se nesse período a colocar uma lupa sobre as características desses "novos mundos" criados pelas resistências. Desse modo, tem acompanhado as novidades proporcionadas pela luta social, algo que sempre foi uma de suas características básicas, sem abandonar as demais tensões já assinaladas, dirigidas a compreender a realidade e, de modo muito particular, as novas formas que assumem a acumulação de

---

[30] SOLANA, Pablo. "2001-2011: Las dimensiones de la rebelión al calor de la experiencia de los movimientos barriales y de trabajador@s desocupad@s" [2001-2011: as dimensões da rebelião ao calor dos movimentos comunitários e de trabalhadores/as desempregados/as], *Revista Herramienta*, 19 abr. 2011.

capital, o imperialismo e as mutações no mundo do trabalho, para citar algumas das mais destacadas.

Deve-se ressaltar que muitas vezes os novos temas não chegaram pela mão de reflexões de pensadores já reconhecidos e institucionalizados, mas de pensadores ativistas ou pesquisadores militantes, de jovens que a partir de diversos espaços estão colocando novos temas na agenda. Não me refiro apenas à capacidade de iluminar a vida cotidiana dos movimentos, mas à capacidade de abordar as questões de gênero e geracionais, em suas mais diversas variantes, que têm ganhado maior visibilidade na comparação com qualquer outro período histórico.

Tarefa mais difícil tem sido encontrar trabalhos sobre os novos modos que assume a dominação — essa combinação extraordinária entre extrativismo e políticas sociais compensatórias, tão característica dos governos progressistas. O trabalho do sociólogo brasileiro Francisco de Oliveira e de um grupo de pessoas que se identificam com as reflexões produzidas por ele nos últimos anos é uma das melhores notícias em um período de genuflexão teórica. "Hegemonia às avessas" (Oliveira, 2010a) e "O avesso do avesso" (Oliveira, 2010b), dois textos breves e incisivos, desnudam alguns aspectos centrais do novo modelo e assinalam ao mesmo tempo as limitações do pensamento crítico para dar conta dele.

Inspirado em Gramsci, Oliveira sustenta que, em países como Brasil e África do Sul, as classes dominantes consentem em ser conduzidas politicamente pelos dominados (hegemonia), desde que não se coloque em questão a exploração capitalista (hegemonia às avessas). Ele entende que se trata de "uma revolução epistemológica para a qual ainda não dispomos da ferramenta teórica adequada" (Oliveira, 2010a, p. 27). E conclui com duas afirmações polêmicas:

que a herança marxista (e gramsciana) pode servir como ponto de partida teórico, mas não é suficiente para compreender o aspecto novo; e que o lulismo, e por extensão o progressismo, representa uma regressão, uma vez que transformou a política em assunto de elites, em vez de socializá-la.

Se a primeira parte, na qual enfatiza os limites atuais do pensamento crítico, é familiar para nós, a segunda é incômoda. Pensar que o que vivemos na América do Sul pelas mãos do PT e do progressismo significa uma regressão soa como lançar por terra todo o ciclo de lutas que conseguiu nada menos que deslegitimar o neoliberalismo, pôr em debandada as classes políticas conservadoras e abrir espaços para outros modos de governar. Apesar disso, se tomamos a enunciação exata formulada por Oliveira, as coisas se deslocam. De fato, o progressismo e as esquerdas transformadas em governos têm tomado a palavra no lugar dos movimentos: suplantaram as pessoas comuns, aqueles que gritavam há dez ou quinze anos *¡Que se vayan todos!* [Fora todos!], para monopolizar o discurso em nome dos movimentos.

### Venezuela: a vida curta de duas experiências de autogoverno

A experiência bolivariana na Venezuela gerou uma onda de entusiasmo na América Latina como não se via desde a Revolução Sandinista em 1979. Embora tenha se tratado de um processo eleitoral com forte mobilização popular, o chavismo sempre mencionou a palavra "revolução" para descrever o que estava acontecendo. A construção de "poder popular", como as comunas,[31] tem sido difundida como um dos principais argumentos de que se encaminhava rumo ao "socialismo do século XXI".

Não devemos esquecer que o chavismo nasceu de baixo, muito antes de se tornar governo. Em primeiro lugar, porque é filho da revolta popular conhecida como Caracazo, ocorrida em 27 de fevereiro de 1989, quando as camadas populares "desceram os morros" onde moram para responder ao ajuste estrutural de um governo corrupto. Foi a primeira rebelião popular contra o Consenso de Washington em toda a região. Em segundo, porque a sublevação armada de um grupo de militares, entre os quais Hugo Chávez, em 4 de fevereiro de 1992, foi seguida com expectativa e esperança pelos setores populares que se levantavam contra o sistema e sofriam tremendas ondas repressivas, como ocorreu durante o Caracazo, com a morte de cerca de quinhentas pessoas nas mãos das Forças Armadas (Machado & Zibechi, 2016).

Na minha avaliação, os dois fatos marcam indelevelmente o processo bolivariano: a rebelião popular a partir de baixo e a sublevação militar e civil organizada, iniciada pelos quartéis e grupos políticos. Para as camadas populares, foi importante que um setor das Forças Armadas se insurgisse, já que se sentiram respaldadas pelos agentes de segurança, o que fortaleceu o sentimento antissistêmico e a autoestima, ancorados sobretudo nos bairros populares. Pouco depois do motim, em abril e março de 1992, foram convocados panelaços com características de insurreição, nos quais se escutaram pela primeira vez gritos de "Chávez, Chávez" nos bairros populares.

---

31 Grupos formados pela comunidade local, com poder para tomar decisões de autogoverno no território, regidos por lei aprovada em 2010. [N.T.]

Sem dúvida, tratou-se da construção popular de uma liderança, com todas as potencialidades e contradições que isso implica. A cultura política da revolta contém dois elementos opostos e uma infinidade de matizes: a participação das bases populares e a direção dos militares por meio do Movimiento Bolivariano Revolucionario 200 (MBR-200). O mesmo movimento carrega horizontalidade e hierarquias e, na prática, é uma das características mais destacadas do chamado processo bolivariano.

Ao se constatar que Chávez passou a ocupar o centro do cenário político já em 1992, deslocando o povo mobilizado das ruas, deve-se compreender que foi esse mesmo povo que o colocou nesse lugar — e o fez atualizando a velha cultura do caudilho, reforçada pelas sublevações militares que contribuíram tanto para derrubar as elites tradicionais como para deslocar o protagonismo popular nas ruas.

Em Caracas e em outras cidades, havia nessa época comunidades urbanas que atuavam de forma autogerida e difusa, sem chegar a institucionalizar seu funcionamento nem a cristalizá-lo em dispositivos. Constituíam modos de fazer inspirados no senso comum comunitário ante um Estado frágil, que nunca se preocupou com os bairros populares. Esses modos demonstram potência, sustentam-se no longo prazo e são resistentes — muito resistentes — às imposições vindas de cima.

A "revolução" tenta lhes dar forma, institucionalizar as práticas "informais" e autônomas por meio da "legalização" das situações de fato, que são os modos habituais com os quais os de baixo ocupam os espaços de que necessitam. Esse é um momento delicado, já que aparecem, antes mesmo das instituições, os *mediadores*, elos entre o Estado e a comunidade, com interesses próprios, mas sempre afinados com a lógica institucional, que lhes oferece as melhores condições para reproduzir seus pequenos poderes.

Na Venezuela, como em toda a América Latina, cerca de 60% das moradias nas grandes cidades, e da própria urbanização, foram construções populares sem apoio estatal. Por isso a estrutura dos bairros populares parece caótica e opaca para o observador externo (tanto o Estado quanto o capital), embora ofereça proteção e soberania para aqueles que as habitam. Enquanto em outros países da região a "legalização" ou "regularização" promovida pelo Estado foi o modo de anular os espaços de autogestão e autonomia, na Venezuela as coisas têm sido distintas.

O Estado chavista não tem conseguido tornar legível a trama social dos bairros populares nem codificá-la burocraticamente, apenas de forma parcial, já que "a sociedade mantém sua opacidade urbanística, econômica, violenta", no sentido de que não tem sido possível impor o monopólio estatal da violência (Boni, 2017, p. 56).

Os limites do Estado podem ser uma chave interpretativa para compreender a crise venezuelana sem recorrer à polarização política — ou à corrupção. Diante da potência do tecido social, o Estado chavista retrocede e negocia, porque não pode discipliná-la e porque se trata de sua própria base social. Essa é talvez uma das particularidades mais notáveis do processo bolivariano.

A criação do Partido Socialista Unido de Venezuela (PSUV) deve ser interpretada no âmbito da cultura da renda petroleira, que abarca desde a velha ideia de "semear o petróleo" até a cultura do não trabalho, para continuar e restabelecer laços clientelistas, trocando bens por votos ou por fidelidade ao dirigente local. Patrimonialismo e personalização das relações políticas são quase naturais em uma sociedade pouco organizada em movimentos e com estruturas políticas permeadas por essa cultura rentista/clientelista (Boni, 2017).

Nesse contexto, deve ser entendido também o funcionamento dos conselhos comunais, a principal criação do "poder popular" chavista. Com os conselhos, o chavismo institucionaliza as diversas formas de participação popular que existiam no país desde a década de 1970. Ao fazê-lo, sujeita a diversidade ao aparato estatal graças aos recursos abundantes que entrega. Apenas em Sucre foram criados em poucos anos cerca de 1,5 mil conselhos comunais, em um estado de pouco mais de um milhão de habitantes, o que dá uma medida da abrangência da organização popular.

São organizações de colaboração com as instituições estatais e de participação social, que podem decidir o destino dos projetos que gerenciam, bem como a relação com a burocracia estatal e a canalização de serviços para a comunidade. Deve-se sublinhar que os conselhos comunais em nenhum momento foram projetados nem funcionaram como organismos com poder, como costumam ser apresentados por boa parte dos intelectuais e militantes que apoiam de modo incondicional o processo chavista (Machado & Zibechi, 2016; Boni, 2017). Isso não significa que os conselhos não tenham valor ou importância; eles têm, pois são formas de organização comunitária territorial na qual os vizinhos de um bairro se sentem representados, e seus interesses são transmitidos ao Estado. Não são, porém, órgãos de poder; são gestores do Estado no território, atuam como intermediários.

Mas existe algo a mais que pode nos servir como síntese do ciclo progressista na relação com os autogovernos populares e a autonomia. Os conselhos nascem horizontais e hierárquicos ao mesmo tempo, em uma tensão não resolvida. De certo modo, dependem do financiamento estatal e funcionam de forma burocrática, de maneira que "o poder popular tem uma fragilidade estrutural com relação às instituições que deve confrontar" (Boni, 2017, p. 103).

Um poder sem autonomia não é um poder. A subordinação dos conselhos ao PSUV se torna evidente durante os processos eleitorais, quando se percebe a crescente homogeneização e a perda de independência. Ao final desse longo processo, os conselhos comunais terminam por fazer parte da estrutura organizacional do Estado. De certo modo, isso pode ser considerado um passo atrás com relação ao universo heterogêneo das associações de bairro, hierárquicas e clientelistas, dos anos 1970, transpondo a análise de Francisco de Oliveira para a realidade venezuelana.

No melhor dos casos, podemos dizer que a lógica igualitária e autônoma mantém certa permanência nos bairros populares, onde a horizontalidade e a ausência de hierarquias são uma cultura, muito além de partidos e ideologias. O predomínio das direções, dos quadros e dos oficiais das Forças Armadas tem restringido e controlado os espaços de igualitarismo, em particular na gestão presidencial de Nicolás Maduro, iniciada em 2013.

Em paralelo, deve ser dito que, em toda a América Latina, não foi superada a ancestral cultura hierárquica, de caráter patriarcal, e que os progressismos a têm reproduzido por meio dos mais diversos caudilhos, o que se traduz em personalismo e paternalismo. Por isso, o movimento feminista, que tem conseguido provocar impacto nos estratos mais impensáveis da sociedade, encarna uma potência transformadora transcendente.[32]

A impressão geral é que estamos vivendo um profundo refluxo, visível na sucessão de governos de direita — ou de

---

[32] "Mujeres policías se negan a reprimir en marchas contra la violencia de género" [Mulheres policiais se recusam a reprimir manifestações contra a violência de gênero], *Redacción Rosario*, 14 fev. 2019.

extrema direita, como no Brasil. Mas, abaixo da linha visível, as experiências de autogoverno e autonomia se mantêm e ainda crescem entre alguns setores, em particular entre os povos originários, como os Wampis do Peru. A formação do Gobierno Territorial Autónomo de la Nación Wampis, em 2015, revela que os autogovernos de baixo começaram a percorrer um longo caminho do qual dificilmente se afastarão.

### Referências

BONI, Stefano. *Il poder popular nel Venezuela socialista del ventunesimo secolo: Politici, mediatori, assemblee e cittadini*. Florença: Editpress, 2017.

FERNANDES, Bernardo Mançano. *A formação do MST no Brasil*. Petrópolis: Vozes, 2000.

GEMSEP (Grupo de Estudios sobre Movimientos Sociales y Educación Popular). "10 años de bachilleratos populares en Argentina", *Cuadernillo de debate*, n. 1, mar. 2015.

MACHADO, Decio & ZIBECHI, Raúl. *Cambiar el mundo desde arriba. Los límites del progresismo*. Bogotá: Desde Abajo, 2016.

MST (Movimento dos Trabalhadores Rurais Sem Terra). "Diversidade sexual no MST, elementos para o debate", *Caderno de Formação — Setor de Gênero*, n. 5, 2017.

OLIVEIRA, Francisco de. "Hegemonia às avessas". *In*: OLIVEIRA, Francisco; BRAGA, Ruy & RIZEK, Cibele (org.). *Hegemonia às avessas: economia, política e cultura na era da servidão financeira*. São Paulo: Boitempo, 2010a.

OLIVEIRA, Francisco de. "O avesso do avesso". *In*: OLIVEIRA, Francisco; BRAGA, Ruy & RIZEK, Cibele (org.). *Hegemonia às avessas: economia, política e cultura na era da servidão financeira*. São Paulo: Boitempo, 2010b.

SVAMPA, Maristella & PEREYRA, Sebastián. *Entre la ruta y el barrio. La experiencia de las organizaciones piqueteros*. Buenos Aires: Biblos, 2003.

ZIBECHI, Raúl. *Genealogía de la revuelta: las zonas grises de las dominaciones y las autonomias*. Madri/Barcelona: La Llevir, S. L./Virus Editorial, 2003.

A POR DO MOVI- MENTO ANTI- ARITMÉTICO

# Aso dos movimentos antissistêmicos

Publicado em *Desde Abajo*, n. 253, jan.-fev. 2019.

Os últimos cinco anos têm sido de crescimento permanente das direitas, de crises e retrocessos dos progressismos e das esquerdas e de estagnação e fragilidade crescentes dos movimentos sociais. Apesar disso, as organizações de base têm mostrado que são as únicas capazes de se sustentar em meio à ofensiva da direita e que, caso consigam sobreviver, poderão criar as condições para uma contraofensiva popular a partir de baixo. Tais mudanças, porém, não ocorrerão no curto prazo.

"Estamos sós", disse e repetiu o Subcomandante Insurgente Moisés no caracol de La Realidad durante a celebração do 25º aniversário do levante zapatista, em 1º de janeiro de 2019. "Estamos sós como há 25 anos", enfatizou. "Saímos para despertar o povo do México e o mundo, sozinhos, e hoje, 25 anos depois, vemos que estamos sós..."

Como é possível notar, a direção zapatista não se engana diante da nova conjuntura marcada pelo triunfo eleitoral do progressista Andrés Manuel López Obrador. "Se chegamos a conseguir algo, é por nosso trabalho, e se cometemos erros, também é falha nossa. Mas é nosso trabalho, ninguém nos disse, ninguém nos ensinou, é nosso trabalho", prosseguiu Moisés diante de um amplo destacamento de homens e mulheres (EZLN, 2019). Ele estava se referindo aos trabalhos autônomos que têm permitido a centenas de milhares de indígenas (agrupados em mais de mil comunidades, 34 municípios e cinco regiões) outro modo de vida, onde o povo manda e o governo autônomo obedece.

A importância das palavras de Moisés é dupla: faz uma leitura da realidade sem concessões, para chegar à conclusão de que as forças anticapitalistas são minoritárias e estão isoladas. Estamos isolados em todo o mundo e em toda a região latino-americana. Seria desastroso que os zapatistas se voltassem para alguma espécie de triunfalismo, como esses partidos que sempre repetem que estão avançando, que não passam por retrocessos, que as coisas vão bem, quando a realidade é distinta e salta aos olhos.

Outro ponto é o empenho em resistir. A determinação zapatista está isenta de cálculos de custos e benefícios, afirma-se nas próprias capacidades sem buscar atalhos eleitorais e, talvez o aspecto mais importante, aposta no longo prazo, no amadurecimento das condições para retomar a iniciativa. Por acaso esses não foram sempre os parâmetros pelos quais se moveu a esquerda, até que as tentações do poder distorcessem os princípios éticos para transformá-los em puro possibilismo?

### Uma nova direita, militante e militarista

A crise de 2008 foi um divisor de águas para os de baixo. Os de cima decidiram por uma mudança de rota, com profundidade similar à de 1973, na fase final da revolução de 1968, quando decidiram pôr fim ao Estado de bem-estar e se lançar ao desmonte das conquistas da classe trabalhadora. Agora estão desmontando o sistema democrático: decidiram que já não governam para toda a população, apenas para uns 30% ou 40%.

Devemos compreender em que consiste essa nova governabilidade ao estilo Trump, Duque e Bolsonaro, que ganha adeptos entre as elites. Governa-se em benefício do 1%, sem dúvida alguma, mas se integram os interesses da classe média alta e de uma parcela da classe média, o que representa cerca de um terço da população. Para chegar à metade do eleitorado, lançam mão dos meios de comunicação de massa, do medo da criminalidade e agora também do temor de que seus filhos sejam gays ou lésbicas ou não se limitem a uma sexualidade binária.

Nas palavras do jornalista brasileiro Antonio Martins, estamos diante de um novo cenário: "O que permite a ascensão da ultradireita não é um fenômeno superficial. A produção e as relações sociais estão, há décadas, em transformação veloz. Este processo se acelerará, com o avanço da inteligência artificial, da robótica, das edições genéticas e da nanotecnologia".[33] Essas mudanças estão gerando temores em muitas pessoas, que recorrem à extrema direita como forma de encontrar segurança. Como disse a ministra da Mulher, da Família e dos Direitos Humanos, no Brasil, agora os meninos voltarão a vestir azul, e as meninas, rosa. Mas existe outra mudança, relativa ao conflito social: "os velhos programas de enfrentamento do capital tornam-se ineficazes", explica Martins, que continua:

> E é precisamente o impulso do capital para se expandir, para quebrar as velhas regulações que lhe impõem limites, que dá origem a fenômenos como Bolsonaro. O aumento contínuo e brutal das desigualdades humanas, que em breve chegarão à esfera biológica. A redução da internet a máquina de vigilância, comércio

---

[33] MARTINS, Antonio. "Falta uma nova esquerda para encarar Bolsonaro", *Outras Palavras*, 9 jan. 2019.

e controle. A execução de milhares de adversários sem julgamento, por meio de drones, e a destruição de Estados nacionais como a Líbia, perpetrada por "centristas" ou "centro-esquerdistas" como Barack Obama, Hillary Clinton e François Hollande.

Os partidos hegemônicos da esquerda estão por fora desses debates. As reações majoritárias ao genocídio perpetrado pelo governo de Daniel Ortega demonstram isso perfeitamente. No Brasil, durante a campanha eleitoral em 2018, Lula e a direção do PT preferiram facilitar a vitória de Bolsonaro a se abrir a uma confluência com a então centro-esquerda de Ciro Gomes, que era o único candidato com possibilidade de vencê-lo. Perderam, mas mantiveram o controle da esquerda.

A política da pequenez e do aferramento ao poder, real ou ilusório, é o pior caminho, pois facilita a ascensão das direitas.

## O pior período dos movimentos

Reconheçamos a realidade: estamos mal, somos frágeis, e os poderes têm a iniciativa em todos os terrenos, menos na ética. Para completar o quadro, não há forças políticas nem sociais capazes de reverter essa situação no curto prazo. Em suma, não podemos jogar nossas escassas forças em estratégias eleitorais ou em batalhas imediatas.

Martins ainda destaca:

> Talvez valha mais a pena apostar nestes embriões de alternativa real ao sistema do que numa improvável regeneração dos partidos institucionais, para enfrentar Bolsonaro. Como no pós-1964, a resistência foi tramada nas bases da sociedade, enquanto a oposição institucional rendia-se.

Ele faz referência ao golpe de Estado de 1964, que arrasou com as instituições e a esquerda brasileiras. Contudo, naquele período obscuro foram criadas as condições para o nascimento — apenas duas décadas depois — do MST, do PT e da CUT.

Eis a história de toda a América Latina: nos fortalecemos nos tempos obscuros de repressão e militarismo, crescemos e acumulamos forças que depois esbanjamos no jogo institucional. As comunidades eclesiais de base e a educação popular estiveram no fundamento de muitos movimentos, embora não tenham constituído grandes aparatos, e sim práticas contra-hegemônicas.

Desde a década de 1980, essa é nossa realidade: apostamos tudo nas eleições, nas reformas constitucionais, em uma legislação que é letra morta e, enquanto isso, desarmamos nossos poderes, a única garantia frente aos opressores.

Na curva da história em que nos encontramos, devemos analisar ao menos três aspectos relacionados aos movimentos antissistêmicos.

O primeiro é que os grandes movimentos estão muito frágeis, em particular os movimentos urbanos e camponeses. As políticas sociais dos governos progressistas e conservadores têm formado camadas inteiras de dirigentes e militantes que aspiram se incrustar no aparato estatal e negociar para conseguir benefícios que tornem a vida menos penosa, subordinando os coletivos às agendas que vêm de cima.

O segundo é que a sangria dos movimentos rumo ao terreno institucional e eleitoral tem sido enormemente danosa. Boa parte do que foi construído na década de 1990, e mesmo antes, foi desperdiçado na dinâmica eleitoral. Não se deve esquecer que alguns movimentos foram destruídos ou fragilizados a partir dos governos progressistas, como aconteceu no Equador e na Bolívia, mas também na Argentina e no Brasil. Desse modo, os progressismos cavaram a própria cova, pois anularam os atores coletivos que estiveram na base de seu crescimento político e eleitoral.

O terceiro aspecto é que podemos detectar três movimentos em ascensão: mulheres, povos originários e negros. Esses constituem movimentos relativamente fortes (zapatistas e mapuche, favelas e palenques, Ni Una Menos etc.) e crescem por fora dos marcos institucionais, ganhando corpo a partir dos problemas cotidianos dos povos e dos segmentos sociais.

### Sobreviver e crescer na intempérie

Apesar de todas as dificuldades, o futuro depende do que faremos, dos caminhos tomados, da decisão e da inteireza com que enfrentaremos este período obscuro da história. "E estamos demonstrando uma vez mais, e vamos ter de cumprir, estamos demonstrando que é, sim, possível o que se vê e o que se sente que é impossível", assegura o Subcomandante Insurgente Moisés.

Observo dois grandes desafios, um teórico ou estratégico e outro ético-político.

O primeiro se relaciona com os objetivos e os meios para alcançá-los, algo que passa previamente por uma determinada leitura da realidade. A tarefa atual não pode consistir em se preparar para tomar o poder. Seria repetir um caminho que nos leva ao fracasso. Temos três grandes desafios teóricos: o Estado como eixo de nossos objetivos; o economicismo que nos leva a pensar que o capitalismo é a economia; e a crença no progresso e no crescimento, erros graves oriundos do positivismo.

Com relação ao Estado, tema que merece acalorados debates na atualidade, as reflexões do dirigente curdo Abdullah Öcalan (2018) podem nos ajudar a fazer um balanço. A tomada do Estado — assegura ele no segundo volume do *Manifiesto por una civilización democrática* [Manifesto por uma civilização democrática] — termina por "perverter o mais fiel dos revolucionários". Öcalan arremata a reflexão com um balanço histórico: "Cento e cinquenta anos de luta heroica se asfixiaram e volatilizaram no torvelinho do poder". Isso não depende da qualidade dos dirigentes, mas de uma questão de cultura política.

A segunda questão é ética. Convido os leitores e os militantes a reler *Sobre o conceito de história*, de Walter Benjamin (2005), em particular a oitava tese. Dela retivemos as duas primeiras frases e esquecemos da terceira — a fundamental, no meu modo de ver.

Eis as duas primeiras: "A tradição dos oprimidos nos ensina que o 'estado de exceção' no qual agora vivemos é na verdade a regra. Devemos chegar a um conceito de história coerente com isso". Constam aí conceitos que se tornaram senso comum para boa parte dos ativistas. Em seguida, o autor alemão assinala: "Nesse momento, perceberemos que nossa tarefa é originar um verdadeiro estado de exceção; com isso, nossa posição ficará mais forte na luta contra o fascismo".

O que Benjamin quer dizer com essa frase enigmática? Não conheço reflexões sobre ela, embora existam diversas sobre as duas primeiras.

Para mim, Benjamin está dizendo que, apenas se aprendermos a viver sob o estado de exceção, na intempérie, fora das proteções sociais, obteremos os recursos éticos, organizacionais e políticos para enfrentar o inimigo. É um convite para revolucionar nossa cultura política, para sair dos guarda-chuvas institucionais. Apenas dessa forma estaremos em condições de lutar, recuperando, como escreve na 12ª tese, tanto o ódio quanto a capacidade de sacrifício que perdemos no conformismo da vida à sombra do Estado.

## Referências

BENJAMIN, Walter. *Tesis sobre la historia y otros fragmentos*. Trad. e introd. Bolívar Echeverría. Cidade do México: Contrahistorias, 2005. [Ed. bras.: "Sobre o conceito de história". *In*: BENJAMIN, Walter. *Obras escolhidas*, v. 1. Trad. Sergio Paulo Rouanet. São Paulo: Brasiliense, 1985.]

EZLN (Exército Zapatista de Libertação Nacional). "Palabras del CCRI-CG del EZLN a los pueblos zapatistas en el 25 aniversario del inicio de la guerra contra el olvido", *Enlace Zapatista*, 1º jan. 2019.

ÖCALAN, Abdullah. *Manifiesto por una civilización democrática. Civilización capitalista: La era de los dioses sin máscara y los reyes desnudos*. Barcelona: Editorial Descontrol, 2018.

# O ESTADO DE EXCEÇÃO COMO PARADIGMA POLÍTICO DO EXTRATIVISMO

"O colonialismo só larga a presa ao sentir a faca na goela."
— Frantz Fanon, *Os condenados da terra*

Publicado em SANTOS, Antonio Ortega & OLIVIERI, Chiara (org.).
*Saberes bioculturales: en pie de Re-Existencias en el Sur Global*.
Editorial Universidad de Granada, 2020, p. 133-49.

Nos últimos anos, foram elaborados diversos enfoques sobre o extrativismo, abarcando desde a ênfase nos impactos sobre o meio ambiente e o racismo contra as populações até a reprimarização da matriz produtiva. Contamos com um amplo conjunto de trabalhos que incluem também as resistências ao modelo de mineração a céu aberto e de monoculturas para a exportação, bem como as propostas alternativas assentadas sobre o Bem Viver/Viver Bem. As análises críticas tendem a compartilhar a tese de que o modelo extrativista deve ser considerado parte do processo de acumulação por despossessão, característico do período de domínio do capital financeiro (Harvey, 2004).

Em paralelo, o extrativismo começa a ser considerado uma atualização da realidade colonial, em particular na área da mineração, estabelecendo o início da exploração do Cerro Rico de Potosí (onde foram sacrificados oito milhões de indígenas), em 1545, como o início da modernidade, do capitalismo e da relação centro/periferia na qual se assentam (Aráoz, 2014 [2020]).

Tomando essas análises como referências incontornáveis, pretendo explorar sumariamente os meios de ação levados adiante pelos movimentos para neutralizar/extravasar o modelo extrativista, bloquear a acumulação por espoliação, reverter a militarização dos territórios e pôr fim à persistente degradação ambiental e à destruição dos seres humanos. Considero que eles não se limitam, nem podem fazê-lo, a repetir os repertórios tradicionais do movimento sindical, já que se movem por espaços nos quais as regras do jogo são diferentes.

O ponto de partida de minha argumentação é que hoje os povos são obstáculos para a acumulação por espoliação/despossessão. Harvey (2004) sustenta que o "principal instrumento" da acumulação por despossessão são as privatizações de empresas públicas e que o poder estatal é seu agente mais destacado. Em sua argumentação, ele cita o exemplo da Argentina na década de 1990, atualmente aplicável a boa parte da América Latina e a alguns países europeus, como Grécia e Espanha, entre outros.

No meu modo de ver, o argumento de Harvey é inteiramente válido para a parcela da humanidade que se encontra na "zona do ser", mas, para a outra parcela que vive na "zona do não ser" (Grosfoguel, 2012), o principal instrumento da acumulação por despossessão é a violência, e seus agentes são, indistintamente, poderes estatais, paraestatais e privados, que em muitos casos trabalham juntos, pois compartilham os mesmos objetivos. Essa é a situação em que vivem as populações próximas às minas e às monoculturas em nosso continente. "Praticamente não há localidade com projeto de mineração que não tenha alguma ação aberta contra os vizinhos que se opõem" (Aráoz, 2014, p. 224 [2020, 238]).

A violência e a militarização dos territórios são a regra, parte inseparável do modelo. Os mortos, feridos e agredidos não são fruto de excessos acidentais de autoridades policiais ou militares. Esse é o *modus operandi* "normal" do extrativismo na zona do não ser. O terrorismo de Estado praticado pelas ditaduras militares destruiu sujeitos em rebeldia e pavimentou as condições para a chegada da mineração a céu aberto e das monoculturas transgênicas. Posteriormente, as democracias — conservadoras e/ou progressistas — aproveitaram as condições criadas pelos regimes autoritários para aprofundar a acumulação por despossessão:

> Populações inteiras são perseguidas, ameaçadas, criminalizadas e judicializadas; vigiadas e castigadas em nome da lei e da ordem. Líderes de organizações e de movimentos emergentes — mulheres e homens, jovens, adultos e idosos — são acusados como novos terroristas, os inimigos públicos de uma sociedade da qual é necessário expulsá-los. (Aráoz, 2014, p. 21 [2020, p. 44])

As privatizações afetaram basicamente as classes médias urbanas e os grupos de trabalhadores vinculados ao Estado de bem-estar, sobretudo no caso da Argentina, onde uma parte dos assalariados de empresas estatais foi destituída dos empregos estáveis e empurrada violentamente para a pobreza e a informalidade, enquanto outra parte pôde se realocar de diversos modos nas classes médias. Nos setores sociais em que a inclusão nunca vingou ou que jamais foram beneficiados com o "bem-estar", as privatizações operaram apenas como a primeira etapa da despossessão.

Indígenas, negros e mestiços, trabalhadores rurais sem-terra, mulheres pobres, desempregados, trabalhadores informais e crianças das periferias urbanas estão sofrendo o que os zapatistas definiram como a Quarta Guerra Mundial. Como em todas as guerras, trata-se de conquistar territórios, destruir inimigos e administrar os espaços conquistados, subordinando-os ao capital:

> A Quarta Guerra Mundial está destruindo a humanidade, na medida em que a globalização é uma universalização do mercado e todo humano que se oponha à lógica do mercado é um

inimigo e deve ser destruído. Nesse sentido, todos somos o inimigo a vencer: indígenas, não indígenas, defensores dos direitos humanos, professores, intelectuais, artistas. (Subcomandante Insurgente Marcos, 2003)

A novidade dessa nova guerra é que os inimigos não são os exércitos de outros Estados, nem sequer outros Estados, mas a própria população, em particular aquela parcela da humanidade que vive na zona do não ser. Em resumo, os objetivos são acabar com os povos que sobram, desabitar os territórios e depois reconectá-los ao mercado mundial. Os meios de eliminar os povos não são necessariamente a morte física, embora isso vá acontecendo lentamente mediante o aumento da desnutrição crônica e das velhas/novas doenças, como o câncer, que afeta milhões de pessoas expostas aos produtos químicos das monoculturas e da mineração.

O modo mais corriqueiro é eliminar os pobres por meio da exclusão, ao confiná-los em espaços cercados de policiais e guardas privados nas periferias urbanas. O caso mais extremo é o da Faixa de Gaza, e os mais comuns podem ser encontrados nos bairros pobres de todas as grandes cidades latino-americanas. Muitas comunidades rurais próximas a empreendimentos extrativos têm sido isoladas e estão rodeadas por dispositivos militares/econômicos que atuam como cercos materiais e simbólicos, como acontece com as comunidades mapuche na Patagônia, os povos indígenas e o povo negro no Cauca colombiano, bem como com os povos atravessados pelo "trem de ferro" da mineradora Vale no estado do Maranhão e as centenas de comunidades nas regiões andinas.

Estamos diante de duas diferentes genealogias. A que afeta os povos do Sul não cabe no conceito de "acumulação primitiva", delineado por Marx em *O capital* para refletir sobre a experiência europeia. A expropriação violenta dos produtores — o que ele denomina como o "processo histórico de separação entre produtor e meios de produção" — é a certidão de nascimento do capital, mas também dos "proletários absolutamente livres" que serão empregados pela nova indústria (Marx, 1975, p. 893 [2017, p. 786-7]). Esse processo de cisão pelo qual se cria uma nova relação social, capital/trabalho, foi tão real para a Inglaterra como irreal nas colônias.

Em primeiro lugar, na América Latina, os indígenas não foram separados de seus meios de produção, mas forçados a trabalhar sem remuneração nas minas, enquanto os negros foram arrancados à força de seu continente. Nos dois casos se cometeu um genocídio, no qual a população originária foi quase exterminada. Nasceu um capitalismo sem proletários, no sentido europeu dado por Marx, quando assinala que a expropriação dos produtores foi "a dissolução da propriedade privada fundada no próprio trabalho" (Marx, 1975, p. 951 [2017, p. 830]). Os indígenas não tinham um conceito de propriedade privada como os camponeses ingleses, mas de comunidade, e consideravam a terra um bem comum sagrado. A acumulação "primitiva" não foi o "pecado original" do modo de produção capitalista, mas a forma constante de acumulação durante cinco séculos com base na escravidão, na servidão, no trabalho informal e na pequena produção familiar/mercantil que, até os dias de hoje, são as formas predominantes de trabalho, sendo o emprego assalariado apenas um entre os muitos modos de trabalho existentes (Quijano, 2000a).

Em segundo lugar, na América Latina indígena/negra/mestiça, historicamente, o principal modo de disciplinamento não foi o panóptico nem as *satanic mills* [fábricas diabólicas, ver p. 28], mas o massacre ou a ameaça de massacre (leia-se extermínio), tanto na Colônia quanto no período republicano, em ditaduras ou em democracias, até os dias de hoje:

desde as 3,6 mil pessoas metralhadas em Santa María de Iquique, em 1907, até as dezenas de mortos em Bagua em junho de 2009. Os dois massacres ocorreram sob regimes de democracia eleitoral, o que indica o caráter desse sistema na região. Apenas no Chile, nas sete décadas que vão de 1903 ao golpe de Estado em 1973, o historiador Gabriel Salazar enumera quinze massacres ("metralharam os maltrapilhos"), sendo que o intervalo médio entre alguns deles foi de três anos, levando-se em conta que o último abarcou todos os rincões do país e cobrou dez mil vidas (Salazar, 2009, p. 214). A organização Mães de Maio, criada em maio de 2006 pelas mães dos quinhentos assassinados pelos aparatos repressivos em São Paulo,[34] assinala que entre 1990 e 2012 ocorreram 25 massacres contra moradores de favelas, ou seja, jovens/negros/pobres.[35]

Em terceiro lugar, o Estado-nação latino-americano tem uma genealogia diferente da europeia, como nos lembra Aníbal Quijano. Aqui não houve "a homogeneização da população em termos de experiências históricas comuns", tampouco a democratização de uma sociedade que possa se expressar em um Estado democrático; as relações sociais se fixaram sobre a colonialidade do poder estabelecida sobre a ideia de raça, transformada em fator básico da construção do Estado-nação.

> A estrutura de poder foi e ainda continua a ser organizada sobre e ao redor do eixo colonial. A construção da nação e, sobretudo, do Estado-nação tem sido conceituada e trabalhada de

---

[34] Trata-se da repressão que se seguiu à onda de ataques do Primeiro Comando da Capital (PCC) naquele ano.
[35] "Novo manifesto pela federalização dos crimes de maio de 2006, e pelo fim da resistência seguida de morte", Movimento Mães de Maio, 2 fev. 2012.

modo contrário à maioria da nação, neste caso dos indígenas, negros e mestiços. (Quijano, 2000b, p. 237)

Os três eixos anteriores explicam a continuidade do domínio e da exclusão das maiorias, inferiorizadas racialmente, independentemente do regime político e das forças que administrem um Estado colonial. Com o neoliberalismo e a hegemonia da acumulação por espoliação, é produzida ainda a "expropriação da política", que, nos casos mais extremos, como México, Colômbia e Guatemala, passa pela articulação entre paramilitarismo, empresas extrativas e corrupção estatal, no que pode ser considerada como uma recolonização da política (Aráoz, 2014 [2020]).

**O extrativismo contra os povos**

Quero destacar sete aspectos do extrativismo atual no continente, os quais mostram de forma nítida seus modos neocoloniais de submeter os povos, que permitem concluir que a acumulação por despossessão no Sul global não pode ser implementada sem se estabelecer um estado de exceção permanente.

O primeiro é a ocupação massiva de territórios pela mineração a céu aberto e pelas monoculturas, seguida da expulsão de comunidades inteiras ou do estreitamento de suas possibilidades de se manter no território pela presença militar de agentes armados. Em vários países andinos, têm sido efetuadas concessões a multinacionais da mineração de 25% a 30% do território, enquanto as monoculturas ocupam as melhores terras e pressionam os pequenos produtores rurais.

Em segundo lugar, são estabelecidas relações assimétricas entre as empresas transnacionais, o Estado e as populações. De um ponto de vista estrutural, o principal efeito do extrativismo tem sido "reinstalar um novo padrão de assimetrias econômicas e geopolíticas por meio da criação de territórios especializados na provisão de bens naturais, com intervenção e operação sob o controle de grandes empresas transnacionais" (Colectivo Voces de Alerta, 2011, p. 12).

Em terceiro lugar, isso tem gerado economias de enclave, como expressão extrema de espaços socioprodutivos estruturalmente dependentes (Colectivo Voces de Alerta, 2011, p. 15). Os enclaves eram uma das principais formas de ocupação do espaço na Colônia; caracterizam-se por não ter relações com o entorno, economias "verticais" que não se articulam com as economias das populações locais. Extraem, produzem, mas não interatuam; empobrecem a terra, o tecido social e isolam as pessoas.

Em quarto lugar, registram-se intervenções políticas potentes que conseguem modificar as leis, a ponto de forçar os Estados a outorgar importantes benefícios fiscais às empresas, garantindo a estabilidade dos lucros: isentam-nas do pagamento de impostos, direitos de importação e outras obrigações que vigoram para os cidadãos, e colocam os países em uma situação de dependência que implica o fim da soberania. Na Argentina, o Código de Minería [Código de mineração] declara expressamente que o Estado não pode explorar nem dispor das minas e, por isso, concede aos "particulares o direito de buscar minas, de explorá-las e dispor delas como donos..." (Colectivo Voces de Alerta, 2011, p. 37).

Em quinto lugar, registra-se um ataque à agricultura familiar e à soberania alimentar. A mineração e as monoculturas não tomam conhecimento das populações e do meio ambiente local, geram um grave problema de água, seja pela escassez, seja pela contaminação, e rompem os ciclos biológicos. Registra-se ainda uma tendência à desterritorialização e à desintegração sociais: as comunidades perdem acesso a certas zonas de produção, e a presença extrativa fomenta a migração campo/cidade, a redefinição dos territórios como consequência da intervenção vertical das empresas e a desintegração das comunidades que geram espaços locais transnacionalizados (Giarraca & Hadad, 2009, p. 239-40).

A militarização é o sexto aspecto a destacar. Segundo o Observatório de Conflitos da Mineração na América Latina, existem mais de 206 conflitos ativos ligados à atividade, que afetam 311 comunidades.[36] No Peru, os conflitos provocaram a queda de dois gabinetes do governo de Ollanta Humala e levaram à militarização de várias províncias. Os conflitos socioambientais entre 2006 e 2011 provocaram a morte de 195 ativistas no país andino.

Por fim, o extrativismo é um "ator social total". Intervém na comunidade em que se instala, gera conflitos sociais e provoca divisões. Mas também busca gerar adesões por meio de "contratos diretos e aliciamentos ou ofertas a indivíduos e comunidades particulares, na forma de ação social empresarial, com o objetivo de dividir a população, a fim de conseguir uma ilegítima 'licença social' ou de silenciar os setores contrários" (Colectivo Voces de Alerta, 2011, p. 73). As empresas desenvolvem vínculos estreitos com universidades e instituições, fazem doações a escolas e

---

[36] OLCA (Observatorio Latinoamericano de Conflictos Ambientales). "Base de datos de conflictos mineros, proyectos y empresas mineras en América Latina" [Banco de dados de conflitos de mineração, projetos e empresas de mineração na América Latina], 2014.

clubes esportivos. Enfim, transformam-se em um "ator social total" (Svampa & Antonelli, 2009, p. 47): tendem a reorientar a atividade econômica e se tornam agentes de socialização direta com ações sociais, educativas e comunitárias; pretendem ser um "agente de socialização" para conseguir "um controle geral da produção e reprodução da vida das populações" (Svampa & Antonelli, 2009, p. 47).

O extrativismo tem promovido uma completa reestruturação das sociedades e dos Estados da América Latina. Não estamos diante de "reformas", mas de mudanças que colocam em questão algumas realidades presentes nas sociedades, como o processo regressivo na distribuição da terra (Bebbington, 2007, p. 286). A democracia se fragiliza e, nos espaços do extrativismo, deixa de existir; os Estados se subordinam às grandes empresas, até o ponto em que os povos não podem contar com as instituições públicas para se proteger das multinacionais.

### Movimentos sociais sob o estado de exceção, ou lutar com a "faca no pescoço"

A resistência das comunidades e dos povos contra a mineração tem sido forçada a inovar, seguindo caminhos diferentes dos que vinham sendo trilhados pelos movimentos sociais até então. A recolonização coloca na agenda dos movimentos novos temas, em particular como trabalhar em áreas onde os direitos humanos/cidadãos/civis/trabalhistas não são reconhecidos, onde sua humanidade está sendo negada (Fanon, 2011).

As formas como se vivem as opressões na zona do ser e na zona do não ser são qualitativamente distintas (Grosfoguel, 2012). Os modos como se regulam os conflitos em cada zona são também diversos: na primeira, existem espaços de negociação, os direitos civis, trabalhistas e humanos são reconhecidos, os discursos sobre a liberdade, a autonomia e a igualdade funcionam, e os conflitos são administrados por meio de métodos não violentos, ou pelo menos a violência é a exceção; na zona do não ser, também definida como a linha abaixo do âmbito humano, os conflitos se regulam pela violência, e apenas de forma excepcional usam-se métodos não violentos (Grosfoguel, 2012).

Diante disso, Grosfoguel (2012) sustenta que a teoria crítica produzida na zona do ser a partir dos conflitos que envolvem os oprimidos dessa zona, com seus direitos e sua história, não pode ter pretensão de universalidade. "A imposição dessa teoria crítica da zona do ser para a zona do não ser constitui uma colonialidade do saber pela esquerda" (Grosfoguel, 2012, p. 98). Do mesmo modo, os sujeitos coletivos da zona do não ser não deveriam adotar acriticamente a teoria social criada a partir das lutas dos oprimidos na zona do ser, nem mesmo as formas de luta, as estratégias e os estilos de organização nascidos nos conflitos da zona do ser.

Nas zonas de hegemonia do extrativismo, nas quais não se reconhece a humanidade dos que ali vivem (negros, indígenas, mestiços), as pessoas estão submetidas ao que Walter Benjamin considerava "um estado de exceção permanente". Elas não podem exercer os direitos conferidos à parcela branca/classe média da sociedade. Os moradores das favelas do Rio de Janeiro e de São Paulo não podem exercer livremente o direito de manifestação porque são sistematicamente atacados pela Polícia Militar com balas de chumbo.

No Peru, boa parte das disposições legais para a exploração extrativa da Amazônia, incluindo a reversão da propriedade comunal, foi imposta por meio de mais de cem decretos legislativos, os quais outorgam ao Executivo a possibilidade de emitir decretos com força de lei (Pinto, 2009). Para impor o projeto Conga,[37] voltado para a extração de ouro, o governo de Ollanta Humala decretou em várias oportunidades o "estado de emergência" para garantir a ordem interna, enviando as Forças Armadas às províncias afetadas.[38] As duas estratégias apelam a medidas provisórias e excepcionais que implicam a ampliação dos poderes do Executivo, e nas quais se apagam as fronteiras entre a emergência militar e a emergência econômica, instalando a segurança como paradigma de governo e apagando as diferenças entre paz e guerra (Agamben, 2004).

Um Estado policial formalmente legal, mas dedicado a gerar exceções como critério de governo e manter à distância as "classes perigosas", por meio de uma vasta gama de intervenções que vão desde as políticas de responsabilidade social empresarial — que avalizam a evasão tributária — até a intervenção policial/militar arbitrária, dirigidas ao controle territorial armado, no qual o corpo policial/militar é encarregado de administrar e fazer a gestão de coisas e corpos de modo exclusivo e excludente (Ferrero & Job, 2011).

Como se faz política, que tipo de organização se constrói, quais formas de ação se implementam em territórios administrados por um estado de exceção permanente? Uma

---

[37] Conga foi um projeto de mineração coordenado por empresas estadunidenses nas províncias de Cajamarca e Celendín, no norte do Peru. Os estudos se iniciaram em 2008, e com eles a pressão popular contra sua implantação. Em 2014, o projeto foi suspenso. [N.E.]

[38] "El Gobierno declaró estado de emergencia en tres provincias de Cajamarca" [O governo declarou estado de emergência em três províncias de Cajamarca], *La República*, 4 jul. 2012.

constatação prévia é que não se pode sair do extrativismo gradualmente, em etapas ou por meio de negociações, e menos ainda por meio da chegada ao governo de forças políticas que prometem instalar outro modelo, porque esse modelo alternativo não existe senão nos territórios em resistência das comunidades indígenas, negras, de trabalhadores rurais e das periferias urbanas.

As experiências históricas das lutas de classe nos remetem a duas direções temporais. A primeira é o modo como os operários desmontaram o fordismo/taylorismo na década de 1960. Foi uma luta nas fábricas, cara a cara, palmo a palmo, disputando cada minuto de trabalho do controle dos supervisores, desarticulando a organização do trabalho (Arrighi & Silver, 2001; Gorz, 1998), tanto nos países desenvolvidos quanto nos periféricos (Brennan, 1996). Não foi uma luta de instituições; na desmontagem do fordismo, os aparatos sindicais e da esquerda não tiveram o menor papel. Foi uma luta de classes, direta, sem intermediários nem representantes. Foi, e isso não é fácil de admitir, uma luta sem programa, sem projeto, sem objetivos precisos, porque se tratava de resistir, colocar a faca no pescoço do controle patronal dos tempos do trabalho.

A segunda experiência histórica é justamente a daqueles que estão resistindo ao extrativismo, e carrega como uma de suas referências principais a revolta de Bagua (junho de 2009) e a luta contra a mineradora Conga, ambas no Peru, mas também a luta contra a Monsanto em Córdoba, no bairro de Ituzaingó, e na cidade de Malvinas Argentinas. São processos nos quais as comunidades lutam palmo a palmo pelo território, organizam-se para impedir a entrada das multinacionais ou para expulsá-las, transformam territórios em barricadas e os corpos em trincheiras, na falta de leis, Estados e autoridades que as amparem. É o modo como os de baixo sempre têm lutado: colocando o corpo, arriscando a vida, as famílias, os filhos. Não têm outro caminho porque vivem na zona do não ser, na qual sua humanidade não é reconhecida.

Parece necessário sistematizar as principais formas de ação empregadas na resistência ao extrativismo, com um olhar amplo que abarque toda a região latino-americana nas últimas décadas. Surgem delas nitidamente as diferenças em relação ao tipo de ação do movimento operário.

- Autodefesa comunitária com base em formas comunitárias territoriais de poder popular. Talvez o caso mais importante seja o das *rondas campesinas* do norte do Peru, nascidas na década de 1970 para combater o roubo de rebanhos, e que se tornaram órgãos comuns/comunitários capazes de ordenar a vida interna, administrar a justiça, construir obras de interesse coletivo e, mais recentemente, organizar a resistência ao avanço da mineração. Nesse processo, as rondas transformaram-se em Guardianes de las Lagunas, enfrentando diretamente as companhias mineradoras e o Estado policial peruano. No sul da Colômbia, a Guarda Indígena dos *cabildos* [autoridades eleitas nos territórios indígenas] nasa e misak tem papel similar de defesa comunitária e garantidora da ordem interna. Nos dois casos, está em jogo a capacidade de um setor social (camponês ou indígena) de colocar em movimento seus mecanismos de contrapoder.
- Ação direta contra as multinacionais, paralisar as obras, impedir que as empresas trabalhem, destruir o maquinário, impedir até mesmo a realização de estudos de impacto ambiental, como fizeram os pescadores

mapuche,[39] proteger as lagoas e outras áreas com acampamentos permanentes, como acontece em Cajamarca, no Peru (Hoetmer, 2014), realizar mutirões para tapar os buracos das minas, como realizam os Nasa no Cauca.[40] Esse tipo de ação é possível porque comunidades inteiras tomam tais decisões e as sustentam, emprestando-lhes sua própria autoridade. Nas cidades, tem sido possível outro tipo de ação, como as mantidas pelas Madres de Ituzaingó [Mães de Ituzaingó] e pela assembleia da cidade de Malvinas Argentinas, que lutam contra o uso de agrotóxicos e a soja transgênica, mas sempre sobre a base do envolvimento direto das pessoas, da persistência da ação, apesar do isolamento e do assédio de uma gama ampla de atores: Estado, policiais, Justiça, sindicatos...

- Marchas de sacrifício até localidades vizinhas e inclusive até a capital, às vezes percorrendo milhares de quilômetros para difundir a realidade na qual vivem, mas também para ganhar aliados, em locais aos quais habitualmente não têm acesso. O movimento sindical realizava esse tipo de ação em momentos de crise grave, com características similares. Nesse caso, pesa um fator determinante: a necessidade de interromper o cerco material e simbólico, policial e midiático lançado sobre as comunidades que resistem para isolá-las e submetê-las, longe da visibilidade de seus potenciais aliados urbanos.

39 OLCA (Observatorio Latinoamericano de Conflictos Ambientales). "Declaración por operativo en Mehuí" [Declaração sobre a operação em Mehuí], 26 jul. 2006.
40 ACIN (Asociación de Cabildos Indígenas del Norte del Cauca). "Cauca contra la minería" [Cauca contra a mineração], 2013.

- Interrupção de estradas e acampamentos, como forma de inviabilizar a circulação de mercadorias, bloquear a entrada das multinacionais no território em resistência ou defendê-lo de outros atores externos. Não existe luta contra o extrativismo que não tenha utilizado esse tipo de ação. Como nas marchas, busca-se a visibilidade, mas a intenção também é impedir que as empresas avancem seus projetos extrativistas. Os acampamentos, por sua vez, têm um papel central na hora de abrir espaços para a interconexão entre os de baixo. São setores sem espaços próprios na sociedade, como são os sindicatos para os trabalhadores formais, mas tais espaços devem ser construídos como precondição para estabelecer alianças e encontrar linguagens e códigos comuns com os semelhantes, e a partir daí desafiar o modelo hegemônico.
- Coordenações e outras formas flexíveis de articulação. Os movimentos contra o extrativismo não se dotaram de estruturas hierárquicas formais, como fizeram os movimentos sindicais e as organizações sociais rurais ou urbanas. Em vez disso, criaram articulações mais ou menos permanentes para coordenar ações e processar reflexões e planos de luta, com mandatos rotativos para delegados, como forma de evitar a figura do representante. Em alguns países, as coordenações se estabelecem de forma pontual para realizar ações de envergadura, como as marchas rumo às cidades.
- Consultas à população por meio de referendos. É um modo de utilizar um mecanismo da democracia eleitoral para fortalecer as lutas. Têm sido empregadas geralmente em escala local, em pequenas cidades ou regiões, como forma de tornar visível a existência de um consenso comunitário contra o extrativismo. No mesmo sentido, elas têm conseguido fazer com que

muitos municípios se pronunciem contra a mineração a céu aberto e as fumigações de agrotóxicos.
- Levantes, insurreições, rebeliões. Desde o Caracazo de 1989, ocorreram ao menos dezenove levantes populares, nas zonas rurais e urbanas, que derrubaram governos, deslegitimaram o modelo neoliberal e as privatizações, instalaram novos temas e atores nas agendas e modificaram a relação de forças no continente. Esses repertórios de ação estão ancorados no território, e as comunidades são suas bases de sustentação social e política. Os atores que os praticam são quase sempre os "sem", os que não têm direitos, os que vivem na zona do não ser. Seu objetivo imediato não consiste em negociar condições de trabalho ou salários, mas criar uma situação que torne impossível a continuidade do extrativismo, que bloqueie a acumulação por despossessão. É uma pulsão de vida para frear um modelo de morte.

Os oprimidos da América Latina podem concordar com a afirmação de Agamben (1998) de que o paradigma político do Ocidente não é a cidade, mas o campo de concentração. A negociação para a inclusão não tem sentido no campo, do mesmo modo que não é possível negociar, sob o Estado policial, outra coisa a não ser os modos de subordinação. Proponho interpretar esse conjunto de formas de ação dos de baixo como as ferramentas necessárias para extravasar/neutralizar o extrativismo/estado de exceção permanente. Está em jogo nessas ações aquela tradição dos oprimidos que Benjamin, na 12ª tese sobre o conceito de história, considerava "as melhores forças" da classe oprimida, que os progressismos de todos os tempos querem que esqueçamos: o ódio e o espírito de sacrifício, "porque um e outro se alimentam da imagem dos antepassados escravizados, e não dos descendentes liberados".

## Referências

AGAMBEN, Giorgio. *Estado de excepción*. Buenos Aires: Adriana Hidalgo, 2004. [Ed. bras.: *Estado de exceção*. São Paulo: Boitempo, 2004.]

AGAMBEN, Giorgio. *Homo Sacer. El poder soberano y la nuda vida*. Valencia: Pre-Textos, 1998. [Ed. bras.: *Homo Sacer: o poder soberano e a vida nua*. Belo Horizonte: UFMG, 2002.]

ARÁOZ, Horacio Machado. *Potosí, el origen. Genealogía de la minería contemporánea*. Buenos Aires: Mardulce, 2014. [Ed. bras.: *Mineração, genealogia do desastre*. São Paulo: Elefante, 2020.]

ARRIGHI, Giovanni & SILVER, Beverly. *Caos y orden en el sistema-mundo moderno*. Madri: Akal, 2001.

BEBBINGTON, Anthony. *Minería, movimientos sociales y respuestas campesinas*. Lima: IEP, 2007.

BRENNAN, James. *El Cordobazo. Las guerras obreras en Córdoba*. Buenos Aires: Sudamericana, 1996.

COLECTIVO VOCES DE ALERTA. *15 mitos y realidades de la minería transnacional en Argentina*. Buenos Aires: Voces de Alerta, 2011.

FANON, Frantz. *Los condenados de la tierra*. Tafalla: Txalaparta, 2011. [Ed. bras.: *Os condenados da terra*. Trad. José Laurênio de Melo. Rio de Janeiro: Civilização Brasileira, 1968.]

FERRERO, María & JOB, Sergio. "Ciudades made in Manhattan". *In*: NÚÑEZ, Ana & CIUFFOLINI, María (orgs.). *Política y territorialidad en tres ciudades argentinas*. Buenos Aires: El Colectivo, 2011.

GIARRACA, Norma & HADAD, Gisele. "Disputas manifiestas y latentes en la Rioja minera". *In*: SVAMPA, Maristella & ANTONELLI, Mirta (orgs.). *Minería transnacional, narrativas del desarrollo y resistencias sociales*. Buenos Aires: Biblos, 2009, p. 229-78.

GORZ, André. *Miserias del presente, riqueza de lo posible*. Buenos Aires: Paidós, 1998.

GROSFOGUEL, Ramón. "El concepto de 'racismo' en Michel Foucault y Frantz Fanon: ¿teorizar desde la zona del ser o desde la zona del no-ser?", *Tabula Rasa*, n. 16, 2012, p. 79-102.

HARVEY, David. *El nuevo imperialismo*. Madri: Akal, 2004. [Ed. bras.: *O novo imperialismo*. Trad. Adail Ubirajara Sobral e Maria Stela Gonçalves. São Paulo: Loyola, 2004.]

HOETMER, Raphael. "Las rondas campesinas no son grupos terroristas", *Contrapunto*, n. 4, p. 83-94, maio 2004.

MARX, Karl. *El Capital*. Libro Primero, v. 3. Buenos Aires: Siglo XXI, 1975. [Ed. bras.: *O capital*, v. 1, *Crítica da economia política*. 2. ed. Trad. Rubens Enderle. São Paulo: Boitempo, 2017.]

PINTO, Vladimir. "Los decretos del hortelano y el origen del conflicto con los pueblos amazónicos". *In*: ALIMONDA, Héctor; HOETMER, Raphael & SAAVEDRA, Diego. *La Amazonía rebelde*. Buenos Aires: Clacso, 2009, p. 147-53.

QUIJANO, Aníbal. "Colonialidad del poder y clasificación social", *Journal of World-Systems Research*, Binghampton University, v. 11, n. 2, p. 341-86, 2000a.

QUIJANO, Aníbal. "Colonialidad del poder, eurocentrismo y América Latina". *In*: LANDER, Edgardo. *La colonialidad del saber: eurocentrismo y ciencias sociales*. Buenos Aires: Clacso, 2000b, p. 201-46.

POLANYI, Karl. *La gran transformación: crítica del liberalismo económico*. Trad. Julia Várela & Fernando Álvarez-Uría. Montevidéu: La Piqueta, 1989. [Ed. bras.: *A grande transformação: as origens da nossa época*. Trad. Fanny Wrobel. Rio de Janeiro: Campus, 2000.]

SALAZAR, Gabriel. *Del poder constituyente de asalariados e intelectuales*. Santiago: LOM, 2009.

SUBCOMANDANTE INSURGENTE MARCOS. "¿Cuáles son las características fundamentales de la IV Guerra Mundial?", *Enlace Zapatista*, 1º fev. 2003.

SVAMPA, Maristella & ANTONELLI, Mirta (orgs.). *Minería transnacional, narrativas del desarrollo y resistencias sociales*. Buenos Aires: Biblos, 2009.

ZIBECHI, Raúl. "El modelo extractivo rechazado en las calles". Programa de las Américas, 2013.

# QUINCEM CORES

Publicado em *Brecha*, 16 maio 2019.

### No corredor da mineração peruano

Para o poder econômico e político, a mineração é a única atividade econômica viável nas regiões andinas. O Peru é um país mineiro desde a Conquista. Apesar dos evidentes estragos produzidos por essa atividade, os críticos costumam ser acusados de "inimigos do desenvolvimento", enquanto as comunidades contrárias à megamineração têm sido enquadradas pela Justiça em um novo tipo penal: "organização criminosa para extorquir o governo central e a empresa mineradora". Um diálogo impossível entre interesses antagônicos.

—

A luminosidade de Cusco fere os olhos. Mas também prende a atenção, seduz o olhar, que primeiro vai pousando ingênuo sobre as pedras incas e, pouco depois, desvia rumo às montanhas mágicas. Os suaves vales cusquenhos vão dando passagem, estrada acima e abaixo, a profundas gargantas revestidas dos mais variados cultivos, segundo os diferentes níveis ecológicos que percorremos. As terras altas e frias, a mais de 3,5 mil metros, povoadas por pastores de alpacas, lhamas e ovelhas, dialogam e fazem trocas com as terras baixas e quentes, produtoras agropecuárias e de frutos tropicais.

A impiedosa geografia dos Andes, em um de seus entrecruzamentos centrais, permite contemplar, com apenas um olhar, desde a profundidade do vale até os picos nevados. A região de Apurímac é crucial por ser tão abrupta e extrema. A chegada a Andahuaylas, a cidade mais povoada, com cem mil habitantes, implica descer quase dois mil metros em apenas dez quilômetros de estrada. Uma queda vertiginosa, com infindáveis meandros, desde o planalto até um vale quente e úmido a pouco mais de dois mil metros do nível do mar. Não por acaso, o geógrafo Antonio Raimondi comparou a região a um papel amassado.

Percorrendo o desfiladeiro do Rio Apurímac, que nasce a cinco mil metros e deságua no Amazonas, subimos por ladeiras verticais talhadas de campos verdes e amarelos, aferradas aos declives nos quais as famílias da comunidade cultivam em condições compreensíveis apenas pela obstinação exigida pela sobrevivência. Ali no alto apenas batatas e favas desafiam o frio e os vendavais; nas áreas temperadas intermediárias, as espigas de trigo vão mudando do verde ao ocre, anunciando a colheita iminente; mais abaixo, no calor do vale, o milho generoso e a infinita variedade de frutas, manga, *granadilla*,[41] abacate e mamão.

Em alguma curva do caminho, em geral perto das dezenas de vilarejos que margeamos, os *pisonay*[42] majestosos se erguem frondosos, ostentando um tapete de flores coloridas. Em pequenos grupos, emergindo inesperadamente, com certa timidez, ilhotas de quinoa se destacam pela multiplicidade

---

[41] Maracujá doce (este é um de seus nomes no Brasil), encontrado no Peru, na Colômbia e em outros países da região. [N.T.]
[42] *Erythrina edulis*, árvore nativa da região andina conhecida por vários nomes, da família das leguminosas. [N.T.]

de cores, desde o verde-musgo até um esverdeado que fica estridente quando iluminado pelo sol nas alturas, passando por arroxeados brilhantes, vermelhos frenéticos e os ocres amarelados de múltiplas tonalidades, tão bem retratadas pelo poeta nascido em Andahuaylas: "Las cien flores de la quinua que sembré en las cumbres hierven al sol en colores".[43]

### Abuso da mineração

O chamado "corredor da mineração" peruano cruza três regiões: Cusco, Apurímac e Arequipa. São quinhentos quilômetros entre a mina de cobre Las Bambas, a quatro mil metros de altitude, até o porto de Matarani, no Pacífico, por onde se exporta o mineral rumo ao continente asiático. A estrada atravessa 215 centros povoados, nos quais vivem cinquenta mil pessoas, e está militarizada, pois qualquer alteração no transporte tem custos milionários para a empresa.

Apurímac é o coração do corredor, a região mais pobre do país e a que conta com a maior porcentagem de falantes de quéchua: trabalhadores rurais humildes de mãos enrugadas e pés calejados. A pobreza, porém, não impediu que chegassem a um acordo com as elites locais para criar universidades na capital Abancay e em Andahuaylas, a cidade mais populosa. A medida foi necessária para acalmar as mulheres do mercado que há pouco mais de uma década tomaram as ruas para exigir ensino superior para seus filhos.

---

43 "As cem flores da quinoa que semeei nos picos fervem ao sol em cores" é um verso de José María Arguedas (1911-1969). [N.T.]

Entre fevereiro e março, a estrada ficou interrompida durante 68 dias pelos moradores de Fuerabamba, a comunidade mais próxima a uma das maiores minas do mundo, que tem capacidade de produzir 140 mil toneladas diárias de cobre. A mina está a 75 quilômetros ao sul de Cusco e começou a operar em 2015, mas os primeiros passos para sua instalação foram dados uma década atrás, pelas mãos da mineradora suíça Xstrata Cooper, que em 2014 a vendeu à estatal chinesa Minerals and Metals Group (MMG).

Quando a mineradora chinesa comprou Las Bambas, decidiu modificar o projeto, que já contava com licença ambiental. O aspecto mais grave foi o abandono do mineroduto destinado a transportar o cobre até Espinar (Cusco), onde ele seria processado, optando pelo traslado do mineral em caminhões. Esse é o principal motivo do conflito, pois todos os dias passam pelas comunidades e povos seiscentos caminhões articulados que se deslocam em comboios de 35 unidades, levantando impertinentes nuvens de poeira.

Os trabalhadores rurais se queixam de que os sítios foram invadidos pelo pó, já não podem tirar seu gado, e o barulho feito pelo "verme de reboques" impossibilita a conversa com os vizinhos. Pior ainda é o fato de que a estrada da empresa atravessa o local sem a autorização dos moradores. Além do mais, trafegam por ali dezenas de caminhões-tanque com combustíveis, algo que tornou a estrada um verdadeiro perigo.

Pedro Pablo Kuczynski, presidente do Peru entre 2016 e 2018, condenado por lavagem de dinheiro, ocupava a presidência do conselho da Servosa, empresa que na atualidade conta com quatrocentos caminhões e tem o monopólio do transporte do mineral de Las Bambas. Economista, empresário e banqueiro, o presidente jogou pesado em prol do projeto de mineração, ocultando seus interesses no transporte do mineral. Em 2015, o congressista Justiniano Apaza denunciou que Kuczynski recebia financiamento da mineradora e que sua empresa obteve, "sem licitação, 100% do transporte do mineral em várias áreas do sul do país". No ano seguinte, ele foi eleito presidente sem que ninguém tivesse investigado as denúncias.

### Moradores das comunidades sem comunidades

A lógica do modelo extrativista é implacável. Para possibilitar a exploração de Las Bambas, as 450 famílias da comunidade de Fuerabamba tiveram de ser transferidas, pois viviam exatamente sobre a fabulosa riqueza que provocou o maior investimento global em mineração: onze bilhões de dólares para colocar em funcionamento a quinta maior mina do mundo. No novo assentamento (a dois quilômetros do original, a 3,8 mil metros de altitude), as moradias foram erguidas no "estilo suíço", os moradores receberam indenização com elevadas cifras, e foram construídos um centro de saúde, instituições educacionais e até um cemitério, completamente transportado do local de origem.

Mas eles já não cultivam a terra, sentem-se "como pombas confinadas" na nova localidade, e os mais velhos não sabem o que fazer sem suas ovelhas; perambulam sem rumo entre as moradias modernas em fileiras similares a prisões. Apesar disso, suportam a dor e o abandono em silêncio, porque no Peru um dos epítetos mais difíceis de aceitar é o de "antimineração".

Na região mineira, 80% da população é pobre, e a metade das crianças menores de cinco anos sofre de desnutrição crônica. A população da capital do distrito no qual se assenta Las Bambas, Challhuahuacho, a dois quilômetros da mina, cresceu de dois mil para dezesseis mil habitantes em poucos anos, um verdadeiro tsunami demográfico com profundas consequências sociais. Segundo Ruth Vera, da organização Derechos Humanos Sin Fronteras [Direitos humanos sem fronteiras], agora "abundam os problemas de estupros, violência doméstica e delinquência, desencadeados pela presença da mineração".

A maioria dos homens presta serviços para empresas que operam para a mina e frequenta bares e bodegas, o que perturba a vida familiar e comunitária, em uma sociedade profundamente patriarcal na qual a violência conta com ampla legitimidade social.

Outro problema é a repressão estatal. Segundo a organização não governamental CooperAcción, as cinquenta mil pessoas que vivem próximas da estrada "têm seus direitos à liberdade e à segurança pessoais, à inviolabilidade de domicílio e à liberdade de reunião e de trânsito no território suspensos", por causa da aplicação de estados de emergência cada vez que ocorre algum conflito.

O corredor viário se tornou uma peça estratégica no Peru, por incluir cinco grandes unidades mineradoras em exploração (entre elas, Las Bambas) e conectar ao menos quatro projetos de exploração importantes. Nesse contexto, a Polícia Nacional firmou, em segredo, 31 convênios com empresas mineradoras para a proteção de seus negócios. Os policiais se deslocam em caminhonetes das empresas e têm bases nos acampamentos das mineradoras, o que os transforma em uma guarda privada empresarial. Esses mecanismos permitem que se fale em um "governo minerador" na região, do qual participam Estado e empresas.

Duas questões saltam aos olhos no conflito mineiro em relação a Las Bambas. Por um lado, quinhentos moradores respondem a processos por ter engrossado protestos contra a empresa mineradora. Três trabalhadores rurais ficarão mais tempo na prisão por interromper a estrada do que o ex-presidente por roubar milhões. Mas a repressão é apenas um aspecto do conflito. As consequências mais profundas da presença da mineração podem ser resumidas no desmantelamento das comunidades pela desarticulação do tecido comunitário provocada pelos empreendimentos.

## A utopia de continuar a ser

Apurímac é a região onde nasceram Micaela Bastidas (esposa de Túpac Amaru) e José María Arguedas, dois grandes nomes da luta social e das letras deste continente. Em quase todas as praças de Abancay, a terra natal de Micaela, há alguma estátua branca para lembrá-la, com suas longas tranças e a mão erguida ao céu. O túmulo de Arguedas foi construído em uma praça na qual se reúnem, desde tempos longínquos, os trabalhadores rurais que chegam ao mercado de Andahuaylas, onde ele nasceu há um século.

O martírio de Bastidas deveria ter sido motivo de alguma compaixão por parte dos herdeiros da Conquista. Ela foi levada com os filhos — Hipólito, de dezoito anos, e Fernando, de dez — e o marido à Praça de Armas de Cusco, depois de terem sido torturados, para que fossem executados um a um. Micaela foi obrigada a presenciar a morte do filho mais velho, que primeiro teve a língua cortada por falar mal dos espanhóis. Ela foi estrangulada em público, fizeram-lhe um garrote e finalizaram com pontapés.

Seria excessivo dizer que o episódio é apenas história, à luz dos relatos da antropóloga quéchua Gavina Córdova, nascida em Ayacucho e moradora de Andahuaylas. A mineração a céu aberto atualiza o fato colonial ou, para citar o mais importante sociólogo latino-americano, Aníbal Quijano, reforça a "colonialidade do poder", ainda intacta apesar da desaparição da Colônia. O direito da primeira noite[44] continua a funcionar na serra, seja como abuso sexual, seja adaptado às novas relações trabalhistas, que permitem aos patrões não pagar salário [sic] durante os primeiros meses de "teste" dos novos trabalhadores.

Mas o colonialismo tem uma face ainda mais hedionda, revelada tanto pelas organizações sociais e políticas que resistem à mineração como pelos partidos de esquerda. O jornalista Jaime Borda, presidente da Derechos Humanos Sin Fronteras, assegura que, "de 2006 a 2014, a maioria dos dirigentes comunitários terminou mal seu mandato, com acusações de se aproveitar do cargo, de desvio de dinheiro e de negociar apenas em prol de seus familiares". As empresas mineradoras operam com vultosos recursos para as comunidades elegerem pessoas afinadas com seus interesses, o que faz com que os cargos de direção sejam ferozmente disputados.

Em muitos casos, afirma o jornalista, "a comunidade já não reage como um grupo coerente, mas como uma soma de indivíduos que cuidam cada um de seus próprios interesses". Córdova, por sua vez, destaca que os terrenos comunais estão sendo divididos e se titulam como propriedade privada, porque para a empresa mineradora é mais fácil negociar com as famílias do que com a comunidade.

---

44 Também conhecido como "direito do senhor", o direito à primeira noite (*jus primae noctis*) obrigava as mulheres recém-casadas a passar a noite de núpcias com o senhor feudal das terras onde viviam, não com o marido. Em 1409, a prática foi abolida na França. [N.E.]

A simbiose entre modernidade e mineração, entre desenvolvimento e colonialidade do poder, está provocando danos maiores que os já consideráveis introduzidos pela Colônia e pela República durante cinco séculos. Pouco mais de cinquenta anos após ter escrito "Llamado a algunos doctores" [Apelo a alguns doutores], desolador poema em que Arguedas denunciava a discriminação da cultura quéchua, a "quinoa de cem cores", que ele amava e celebrava, se transformou em mercadoria altamente estimada em restaurantes dos países centrais, além de um luxo inalcançável para as famílias das comunidades.

"Siembro quinua de cien colores, de cien clases, de semilla poderosa. Los cien colores son también mi alma, mis infaltables ojos",[45] verseja o poeta. Arguedas não viveu para ver a destruição de seus sonhos regeneradores: preferiu partir por vontade própria, em vez de contemplar impotente a destruição do mundo que amava.

---

45 "Semeio quinoa de cem cores, de cem tipos, de semente poderosa. As cem cores são também minha alma, meus imprescindíveis olhos." [N.T.]

# BALÕ NEGROS

Publicado em *Brecha*, 8 fev. 2019.

## Em terras mapuche

O epicentro da cultura e da resistência mapuche no Chile está situado em uma faixa ampla entre a cordilheira e o oceano, as províncias Malleko e Arauco, regiões das quais os conquistadores foram rechaçados, territórios onde se conservaram as tradições e as comunidades que agora estão recuperando uma mínima — porém decisiva — parcela das terras usurpadas há um século e meio.

O interminável tapete verde balança ao ritmo do vento, como uma arrebentação ameaçadora a ponto de engolir povoados, estradas e pessoas. Uma paisagem monótona, mas sedosa, salpicada aqui e ali por prados e colinas coroadas sempre pelo verde-escuro das plantações de pinheiros. De um lado, vislumbra-se a cordilheira. Do outro, a planície vagueia até um mar que nunca termina de se dizer presente.

A cidade amanhece fatigada, como um grande povoado de província, a meio caminho entre a metrópole histérica e a aprazível aldeia agrária. No mercado Pinto, as famílias se amontoam em torno de centenas de bancas que oferecem verduras e frutas, carnes, mariscos e uma impressionante variedade de especiarias, entre as quais se destaca o *merkén* defumado — uma modalidade de pimenta local [*ají cacho de cabra*] moída fina, suavemente picante, e misturada a semente de coentro torrada e sal — a estrela da cozinha mapuche.

Quando aparece uma carroça puxada por bois com um enorme carregamento de quase quatro metros, Andrés explica que são famílias vendedoras de *cochayuyo*, alga de grande valor alimentício que pode chegar a quinze metros, encontrada na costa do Pacífico. Andrés Cuyul é o presidente da Comunidad de Historia Mapuche [Comunidade de história mapuche], um coletivo de acadêmicos que seguem aferrados a seus territórios, vivem em terrenos nos arredores de Temuco e continuam vinculados ao movimento.

Perambulando no mercado em meio à infinidade de bancas informais, ele começa a nos explicar o conflito com o município, alternando-se entre conversas com as vendedoras. No início de dezembro de 2018, um decreto do prefeito proibiu a atividade comercial ambulante dentro de um perímetro no entorno do mercado. A particularidade é que o decreto impõe multas tanto para aqueles que vendem quanto para os compradores desses produtos.

Há dois setores destinados à punição: um coletivo de 750 pequenos horticultores artesanais de áreas próximas a Temuco, e os vendedores de *cochayuyo*, um dos alimentos mais apreciados pelos moradores da cidade. Quando os agentes municipais quiseram retirar a mercadoria de famílias que viajaram a pé durante dez dias saindo de Tirúa, no litoral, os transeuntes defenderam os vendedores e forçaram os agentes a se retirar. Geralmente, tanto as famílias vendedoras de *cochayuyo* quanto as horticultoras são Mapuche.

"Nos dias posteriores ao assassinato de Camilo Catrillanca", diz Andrés, em tom triunfante, "toda essa área amanheceu repleta de balões negros, pendurados pelas vendedoras em sinal de luto." Uma ação surpreendente de pessoas que carregam cinco séculos de "não" e rostos expostos à intempérie.

## De Matías a Camilo

Conheci a mãe de Matías Catrileo por acaso, na prisão de Temuco, quando visitava os irmãos Benito e Pablo Trangol e o *machi* [xamã] Celestino Córdova. Os dois rapazes foram acusados de atear fogo a uma igreja evangélica, mas incriminados por "testemunhas sem rosto", e lhes aplicaram a Lei Antiterrorista. Celestino foi acusado no contexto das investigações da morte do casal de latifundiários Luchsinger-Mackay, em 2013, em uma fazenda que há séculos querem recuperar suas verdadeiras proprietárias: as comunidades da área.

Um grupo de mulheres com trajes tradicionais fala em voz baixa em volta dos presos, na pequena capela que nos abriga. Mónica Quezada, mãe de Matías, assassinado pelas costas em 2008 enquanto recuperava terras, tem o rosto enrijecido pela dor: "Se comparo a situação atual com onze anos atrás, vejo uma mudança notável em nosso povo". Ela se refere à mobilização social massiva a partir de 14 de novembro de 2018, quando Camilo Catrillanca foi assassinado, também pelas costas.

Assim como o assassinato de Matías forjou um novo grupo de militantes, o de Camilo está ampliando o horizonte de todo um povo. O aspecto realmente inédito no Chile atual não é a centenária luta mapuche, mas o envolvimento de novos segmentos de jovens (e não tão jovens) em uma luta de longa duração contra um Estado genocida e terrorista.

Simonna e Ange encarnam a nova geração mapuche, de mulheres jovens, profissionais, feministas. Uma é integrante da Comunidad de Historia Mapuche e vive em Santiago. A outra é jornalista e integra o *Mapuexpress*, talvez o site mais importante de comunicação mapuche. Participam em espaços mistos, porque estão sendo construídos "sujeitos heterogêneos", como destaca o historiador Claudio Alvarado Lincopi, algo que a esquerda não tem conseguido entender, porque "em seu insulamento só as próprias tradições é que valem".

As duas asseguram que o mundo mapuche está em plena expansão, com a recuperação de terras e da língua e um apoio que não para de crescer por todo o país. Simonna registrou a reação massiva da população chilena diante do assassinato de Catrillanca, com mobilizações em ao menos trinta cidades, incluindo as do distante Norte. Em Santiago, foram registradas centenas de ruas interditadas, com barricadas e fogueiras, durante horas, por centenas de moradores. Muitos dos que não saíram às ruas fizeram panelaços nas janelas, sobretudo na periferia. Em algumas áreas, as mobilizações se prolongaram durante quinze dias.

### Língua e território

A expansão do idioma mapuche, o *mapudungun*, mereceria um estudo específico. Milhares de jovens o aprendem, tanto em bairros populares quanto na classe média urbana. Na Villa Olímpica, na *comuna*[46] de Ñuñoa, região de classe média de Santiago, a filha da minha anfitriã estuda *mapudungun* na escola, por escolha dela. No mesmo distrito, a opção de aprender a língua mapuche está disponível em outras três escolas.

A recuperação de terras é o aspecto mais evidente, e o mais reprimido, desse crescimento mapuche. A província de Mal-

---

46 *Comuna* é a menor divisão administrativa do Chile, equivalente aproximado ao que se conhece como município em outros países. A capital Santiago, por exemplo, abriga várias *comunas*, com algum nível de autonomia administrativa local. [N.T.]

leko é o epicentro. É uma ampla faixa ao norte de Temuco, da cordilheira até a costa, que envolve nomes históricos e emblemáticos: Angol, Collipulli, Traiguén, Lumaco, Ercilla, Renaico. Lugares que integram a "zona vermelha", que concentra conflitos desde a Colônia. Ali nasceram a Coordinadora Arauco Malleko [Coordenação Arauco Malleko] nos anos 1990 e a Alianza Territorial Mapuche [Aliança territorial mapuche] em 2012, e funciona o parlamento Koz Koz, organização jovem e horizontal que recupera tradições e espaços nos quais se reproduzem a vida e a cultura.

Nessa região, e na zona costeira de Cañete e Tirúa, concentrou-se a resistência ao espanhol, por meio de comunidades responsáveis pelas maiores derrotas enfrentadas pelos conquistadores nas Américas. A memória de longa duração dos Mapuche se completa com a usurpação das terras na segunda metade do século XIX, na mal batizada Pacificação da Araucanía.

Agora, essa memória tem sido revitalizada por uma onda irrefreável de retomadas — e também por entregas de terras do Estado iniciadas pela reforma agrária de Salvador Allende, para aplacar a cólera centenária. A demanda por terra corre em paralelo com a exigência de autonomia, que transmuta os terrenos em território mapuche autogerido.

Em algumas áreas, como o triângulo entre Ercilla, a costa de Tirúa e Loncoche (ao sul), as recuperações de terras vão conformando uma mancha de poder comunitário mapuche. Nos 1,2 mil hectares do ex-Fundo Alaska, recuperados em 2002, vivem hoje duas comunidades (Temucuicui Tradicional e Autônoma), em terras que foram da empresa Forestal Mininco, do grupo Matte, que possui setecentos mil hectares usurpados das comunidades.

Andrés e Pablo Marimán, seu companheiro da Comunidade de Historia Mapuche, refletem sobre os possíveis caminhos para um movimento do qual se sentem parte. Gostariam que a identidade mapuche fosse mais aberta e não tão escorada na comunidade agrária — carregada de todas as tradições, incluindo pesadas heranças patriarcais e caudilhistas que reproduzem opressões. Por isso, eles têm um olhar voltado para as cidades, onde proliferam pessoas mapuche feministas, lésbicas e gays, profissionais e artistas, abrindo a identidade para a diversidade. "Mas devemos reconhecer que são as comunidades tradicionais que sacodem o Estado chileno, quando recuperam terras", confessam.

# POLÍTICAS SOCIAIS, GOVERNOS PROGRESSISTAS E MOVIMENTOS ANTISSISTÊMICOS

Publicado em *Otra Economía*, v. 4, n. 6, 2010.

Ondas de ativismo social modificaram a relação de forças na América Latina e tiveram como consequência indireta a instalação de um conjunto de governos progressistas e de esquerda na maior parte dos países sul-americanos. A ação coletiva encerrou o período neoliberal, caracterizado por privatizações, desregulamentação e abertura das economias, e abriu uma etapa mais complexa, na qual convivem traços do mesmo modelo com a busca por caminhos baseados em maior protagonismo dos Estados e na construção da integração social.

O protagonismo dos movimentos sociais foi crucial ao configurar situações de crise, nas quais a incidência dos sujeitos populares terminou por ser decisiva na hora de encerrar uma etapa em relação às políticas sociais. As respostas dadas pelos Estados nas situações de maior emergência social, por sua vez, possibilitaram o nascimento de uma segunda geração de políticas sociais, que de algum modo substituem as políticas focalizadas e compensatórias do período neoliberal (Clemente & Girolami, 2006). Essa nova gama de políticas estende e aprofunda os benefícios já existentes, estabelecendo novos modos de relação sociedade/Estado que influenciam no tipo de governabilidade que, de algum modo, as lideranças progressistas da região inauguram.

As novas formas de governar, nas quais as políticas sociais têm papel de destaque, relacionam-se e respondem, ao mesmo tempo, às características dos movimentos nascidos nessa etapa, que se diferenciam daqueles do período anterior, no qual os sindicatos ocupavam um lugar central. Os movimentos que protagonizaram a década de 1990 são de base territorial; representam os excluídos pelo neoliberalismo, os desocupados, os sem-teto, os sem-terra e os sem-direitos — em resumo, os que habitam o porão das sociedades; têm uma forte marca cultural e identitária e um papel de protagonismo das mulheres e das famílias (Zibechi, 2003).

Esses movimentos nasceram em um contexto de acumulação por despossessão (Harvey, 2004) e encarnaram a resistência ao novo padrão adotado pelo capital, que pode ser sintetizado nos postulados do Consenso de Washington: liberalização dos movimentos de capitais, desregulamentações, abertura econômica, ajuste fiscal e privatizações. A principal novidade da atual conjuntura regional consiste, do meu ponto de vista, no fato de que o Consenso de Washington foi deslegitimado. Contudo, o neoliberalismo não foi derrotado. Pelo contrário, a acumulação por despossessão — ancorada no modelo extrativista — continua a se aprofundar nessa etapa por meio da mineração transnacional a céu aberto, das monoculturas de soja, cana-de-açúcar e palma e do complexo florestamento-celulose. Esses empreendimentos, conduzidos sempre por grandes multinacionais, apropriam-se dos bens comuns — em particular, água e territórios — para transformar a natureza em mercadorias (commodities) exportadas aos países centrais ou emergentes, como China e Índia.

> A privatização, conclui [Arundhati] Roy, é essencialmente "a transferência de ativos públicos produtivos do Estado para empresas privadas. Figuram entre os ativos produtivos os recursos naturais. A terra, as florestas, a água, o ar. São esses os ativos confiados ao Estado pelas pessoas a quem ele repre-

senta [...]. Apossar-se desses ativos e vendê-los como se fossem estoques a empresas privadas é um processo de despossessão bárbara numa escala sem paralelo na história". (Harvey, 2004, p. 127 [2004, p. 133])

Outra característica da nova governabilidade é que a acumulação por despossessão deve ser compensada, necessariamente, por políticas sociais, porque a hegemonia do capital financeiro estruturalmente gera exclusão e marginalização da força de trabalho. Os empreendimentos de mineração andinos, os cinquenta milhões de hectares semeados com soja e os cultivos florestais quase não necessitam de mão de obra, mas precisam de muita água, que retorna contaminada com mercúrio e agrotóxicos. O modelo extrativista, diferentemente do modelo industrial, que precisa de operários na produção e de operários no consumo (ou seja, na produção e na realização de mais-valor), pode funcionar com máquinas automatizadas e robôs e não precisa de consumidores locais, já que as commodities são vendidas a outros países.

Por essa razão, uma vez deslegitimada a era das privatizações, o modelo extrativista deve ser pilotado por governos progressistas — os mais aptos para lidar com a resistência social, pois provêm dela. Harvey assinala, com total acerto, que os movimentos que se levantaram contra a acumulação por despossessão "têm seguido em geral outro caminho, em alguns casos deveras hostil à política socialista" (Harvey, 2004, p. 130 [2004, p. 136-7]), mas não fala sobre o que acontece com os movimentos sociais quando o mesmo modelo é dirigido por uma parte da coalizão que encabeçou as revoltas. Quando se diz que a América Latina é um laboratório de resistências sociais, não se deveria esquecer que, em paralelo, é também um campo de ensaios de programas para aplacar as insurgências sociais. Como as necessidades dos mais pobres não se acalmam com discursos, por mais radicais que sejam, parece necessário indagar como foram se construindo os mecanismos capazes de amenizar a conflituosidade social de caráter territorial, elemento-chave para reduzir as fricções nas novas governabilidades.

### Políticas sociais para garantir a estabilidade

Apesar da variedade e da diversidade de situações, a primeira constatação é o aumento na quantidade de beneficiários das políticas sociais. No Brasil, o Programa Bolsa Família alcança quase cinquenta milhões de pessoas, cerca de 30% da população, enquanto em alguns estados do Nordeste os beneficiários chegam a 65% dos habitantes. Embora o Brasil seja o país onde a cobertura tem maior amplitude, em nenhum dos casos a porcentagem de beneficiários de políticas sociais é menor do que 15% ou 20% da população total. Em toda a região, são mais de cem milhões de pobres que, por um lado, melhoraram sua condição material, mas, por outro, têm agora menos motivos para se organizar em movimentos sociais.

O principal a destacar, porém, são as mudanças introduzidas com relação à primeira geração de políticas sociais, precisamente pela magnitude da problemática que se pretende abordar. Há alguns anos um dos mais destacados teóricos latino-americanos sobre o tema sintetizava a necessidade de introduzir profundas transformações nas políticas focalizadas e compensatórias para a pobreza, hegemônicas naquele período. "O caráter massivo da exclusão e da degradação do trabalho assalariado e por conta própria requer uma mudança de visão. A política social assistencialista voltada a compensar os estragos gerados pela economia é ineficaz e reproduz e institucionaliza a pobreza" (Coraggio, 2004, p. 318).

A proposta tem dupla dimensão: em escala geral, romper com as políticas privatizantes e desestatizantes que caracterizaram a década de 1990; e, em escala local e territorial, gerar espaços nos quais as políticas sociais derivem em intervenções concretas, "promover não a passividade, mas a ação das pessoas" (Coraggio, 2004, p. 319), para que se integrem ou coloquem em funcionamento iniciativas que levem a um aumento de renda. A demanda de ativismo social — individual e coletivo — supõe um giro radical com relação ao conceito anterior do "beneficiário" como objeto passivo de políticas compensatórias ancoradas nas transferências monetárias. Desse modo, a nova geração de políticas sociais se vincula com a onda de mobilizações que foi a marca característica dos anos 1990 na região, aproveitando e somando-se ao universo de organizações e movimentos sociais para integrá-los às novas políticas.

Esse processo não foi, certamente, gradual nem uniforme, e não ocorreu em todos os países com a mesma intensidade. Pretendo rastrear o caso do apoio estatal aos projetos socioprodutivos, ou de economia solidária, por considerar que se trata de uma das inflexões mais profundas em matéria de políticas sociais que afetam — ou almejam fazê-lo — a governabilidade ao estabelecer novas relações sociedade/Estado.

Deve ser entendido que não se trata apenas de uma questão quantitativa com relação aos recursos, mas de "redirecionamento dos recursos das políticas sociais" (Coraggio, 2004, p. 314), no convencimento de que a reinserção social dos excluídos demanda um longo processo de trabalho intenso (estimado por Coraggio em no mínimo uma década), e sobretudo de comprovar os limites do assistencialismo como elemento de superação da exclusão. Em suma, o *como* tem tanta ou maior importância do que *o que* se deseja fazer. Surge daí a proposta de "'se meter' com a economia para mudar a situação atual" (Coraggio, 2004, p. 319). Nesse ponto, desenvolve-se uma proposta que não pretende inventar algo novo, mas aproveitar o impulso dos movimentos sociais para canalizar um conjunto de energias que, sobre a base do ativismo que gerou milhares de empreendimentos produtivos para mitigar a miséria, permita aprofundar e melhorar essas iniciativas para direcioná-las no sentido duplo de integração social e desenvolvimento nacional.

Nessa direção, os governos progressistas do Cone Sul souberam compreender o fenômeno e interpretaram com audácia teórica e práticas inovadoras as rupturas implícitas na nova geração de movimentos, em grande medida porque seus quadros e administradores são oriundos do coração desse novo ativismo de base, de forte cunho territorial. A experiência da emergência social de 1989, na esteira da hiperinflação na Argentina, permitiu ler a resposta dos municípios durante a emergência de 2001 de um modo mais complexo. O ponto de partida pode ter sido similar, no sentido de que "os municípios argentinos voltaram a lançar rajadas de lentilha, polenta e leite em pó, evitando a explosão social e protegendo nossa democracia" (Clemente & Girolami, 2006, p. 9). Mas, quando se lança o olhar sobre o que ocorreu no território, enfatiza-se a "análise dos vínculos, conflituosos e cooperativos, estabelecidos na crise entre os governos locais e as organizações sociais — especialmente aqueles surgidos nos protestos sociais dos anos 1990" (Clemente & Girolami, 2006, p. 11).

Apesar da intensidade da crise (a pobreza na Argentina atingiu 54,3% e a indigência, 27,7% da população) e da potência do conflito (dez mil barreiras em estradas e ruas em 2002, saques em supermercados e dezenas de mortos em 2001), compreendeu-se que a ruptura foi uma oportunidade para gerar novos canais a fim de atender demandas sociais não satisfeitas. A crise e a emergência social, além de um amplo movimento social territorial dos desempregados, ativaram novas capacidades: de criação de consenso, de organização social e de contenção das famílias.

> A gestão de emergência coloca em jogo e/ou incentiva o desenvolvimento de diferentes capacidades que, embora sejam próprias da gestão pública, não são habitualmente vistas em conjunto implementadas no campo da política social. (Clemente & Girolami, 2006, p. 92)

O fato de não ter negado nem reprimido o conflito, e o empenho em processá-lo e canalizá-lo para manter a governabilidade levaram uma camada de profissionais — uma parte dos quais ocupou depois cargos destacados em ministérios de Desenvolvimento Social — a compreender a necessidade de contar com os movimentos justamente para assegurar essa governabilidade que parecia escapar de suas mãos nos momentos de auge da crise. Por isso há certo consenso de que a crise foi a parteira da nova geração de políticas sociais. Entre as capacidades ativadas pela crise, aparece a forte interação entre as organizações sociais e o Estado, que transformou essas organizações, para além de sua própria vontade, "em uma extensão operacional das políticas municipais destinadas a aliviar a crise" (Clemente & Girolami, 2006, p. 97). Dito de outro modo, a mobilização social abre as portas a novas articulações territoriais para viabilizar políticas sociais, nas quais se destacam os municípios, as igrejas, as organizações empresariais, as organizações sociais tradicionais (sindicatos, associações de fomento, cooperativas) e os novos movimentos (*piqueteros*, assembleias de bairro).

A mobilização social deixa de ser considerada um problema para ser vista como uma oportunidade. Ao lado da lógica *ascendente* da demanda social, aparece outra, inversa mas complementar, cujo sujeito é o Estado, agora compartilhada com os atores territoriais: "Ao mesmo tempo se gera a partir do poder local uma lógica *descendente*, na qual a existência dessas organizações constitui canais para a assistência social do Estado e o ponto mais próximo para a chegada de políticas sociais com foco territorial nas famílias beneficiárias" (Clemente & Girolami, 2006, p. 57).

Esse vaivém foi captado pelas autoridades da área social como uma oportunidade para modificar a primeira geração de políticas sociais, que na prática haviam sido sobrecarregadas pela demanda fenomenal provocada pela crise de 2001. Mas, para dar esse passo, faltava ainda contar com as organizações, não no sentido de usá-las como apoio ou veículo das políticas sociais, mas para poder cocriar essas políticas de modo que tivessem maior legitimidade e mais profundidade no território. Pode-se dizer que se agiu com pragmatismo, mas o certo é que um grupo de analistas e gestores foi capaz de ver a oportunidade apresentada, já que "no território se teceu o que poderíamos mapear como um amplo *tecido de contenção* ao qual se somaram progressivamente atores sociais ausentes até o momento, como os empresários e os sindicatos, e os outros que estavam atuando a partir do protesto, como o movimento de desempregados" (Clemente & Girolami, 2006, p. 86).

No mínimo dois elementos adicionais operam nesse ponto, ambos vinculados a uma nova compreensão das mudanças introduzidas pelo modelo neoliberal. Por um lado, os efeitos da crise da sociedade salarial e os problemas estruturais do mercado de trabalho, que levam os excluídos a buscar formas de trabalho autônomo "que se evidenciam na geração de microempresas, empresas recuperadas, empreendimentos familiares, feiras sociais, redes de trocas de produtos ou serviços, de comércio justo e microcrédito" (Arroyo, 2009, p. 88).

O Estado reconstruído depois da explosão social de 2001 vê na consolidação da economia social um ator para gerar políticas de desenvolvimento com integração. Isso explica o interesse do Estado, não apenas na Argentina, mas de modo muito destacado no Brasil e no Uruguai, entre outros, em fortalecer um setor que abre a possibilidade de promover desenvolvimento econômico em direções diferentes das apregoadas pela economia de mercado.

Por outro, busca-se superar a pobreza com medidas que apontam não só a uma nova economia, mas a um conceito mais dinâmico de cidadania e menos preso a um olhar reducionista, que coisifica os pobres como "beneficiários". Ex-ministro do Desenvolvimento Social da província de Buenos Aires e ex-secretário de Políticas Sociais do Ministério do Desenvolvimento Social da Argentina, Daniel Arroyo diz:

> Não se consegue a integração social ao garantir a sobrevivência das pessoas, mas isso se afirma no direito de todos a viver dignamente em uma sociedade sem excluídos, e a inclusão depende significativamente da participação popular na vida comunitária, em um exercício pleno e ativo da cidadania. (Arroyo, 2009, p. 125)

Essas formas de encarar a superação da pobreza levaram as autoridades ministeriais a prestar especial atenção à economia social ou solidária. Enquanto o contrato social que deu origem ao Estado de bem-estar, de especial importância na Argentina e no Uruguai, se resumia em risco para o capital e segurança para o trabalho, o modelo desregulador inverteu a equação ao fazer com que "a insegurança seja parte da vida cotidiana dos trabalhadores e a segurança figure como atributo exclusivo do capital" (Arroyo, 2009, p. 127). Para modificar essa equação sem criar pânico nos capitalistas, é proposta, em linha com Pierre Rosanvallon, "a promoção de empregos nas proximidades, o aproveitamento das redes territoriais para a geração de emprego e a redefinição dos seguros sociais" (Arroyo, 2009, p. 126).

## Os projetos socioprodutivos, ou a governabilidade na escala micro

Existe certo consenso no fato de que os chamados projetos socioprodutivos, economia social ou economia solidária têm crescido desde a implementação do modelo neoliberal e são uma das principais derivações da crise desse modelo, entre 1998 e 2002. No Brasil, a economia solidária ocupa um papel destacado, a ponto de ter merecido a criação de uma Secretaria Nacional (Senaes) no Ministério do Trabalho, encabeçada pelo economista Paul Singer. A I Conferência Nacional de Economia Solidária, celebrada em 2006, foi convocada pelos ministérios do Trabalho, do Desenvolvimento Social e do Desenvolvimento Agrário. O regulamento da conferência estabeleceu que se elegessem mais de mil delegados nas conferências estaduais, dos quais a metade representava os empreendimentos da economia solidária, um quarto, os órgãos do poder estatal, e o quarto restante, as entidades da sociedade civil. Um movimento que conta com quinze mil empreendimentos econômicos de base e 1,2 milhão de associados foi institucionalizado a ponto de se integrar às políticas de desenvolvimento do governo federal.

Trata-se de um movimento social nascido contra o modelo, agora promovido como estratégia e política de desenvolvimento. Paul Singer sustentou, no contexto da I Conferência, que a economia solidária "reverte a lógica capitalista ao se opor à exploração do trabalho e dos recursos naturais, mediante a emergência de um novo ator social", que na opinião dele pode "superar as contradições próprias do capitalismo, o que caracteriza sua atuação como um processo revolucionário" (Ministério do Trabalho e Emprego, 2006, p. 11). Singer vai ainda mais longe ao definir, em consonância com o governo Lula, a economia solidária como "herdeira das mais remotas lutas de emancipação popular", destacando sua capacidade para "construir uma sociedade sem classes, a sociedade socialista" (Ministério do Trabalho e Emprego, 2006, p. 11). Por mais discutível que possa parecer a posição oficial, chama a atenção que no mesmo texto Singer sustente que esse potencial emancipatório não pode ser realizado sem a intervenção do Estado, por meio de suas políticas sociais.

Como o desenvolvimento solidário é promovido por comunidades pobres, elas precisam do apoio de órgãos governamentais, bancos públicos, ONGs, universidades e organizações autônomas de fomento para identificar e desenvolver suas potencialidades socioeconômicas, étnicas e culturais. Um desenvolvimento sustentável com distribuição de renda, por meio de um crescimento econômico com proteção dos ecossistemas, requer alianças entre as organizações solidárias do campo e da cidade e os poderes públicos nas três esferas de governo.

No caso argentino, a intencionalidade estatal é similar. É feito um paralelismo entre a hiperinflação de 1989 e a desvalorização de 2001. Enquanto a primeira "instalou as *ollas comunes* [panelas populares] como base do que depois seriam os refeitórios comunitários, a desvalorização impulsionou as estratégias da economia social como busca de respostas para a falta de renda" (Clemente & Girolami, 2006, p. 131). A linha de trabalho consiste em "construir com", já que a definição unilateral pelo Estado das políticas sociais tem demonstrado apresentar limites insuperáveis. É realizada uma espécie de divisão do trabalho: o Estado dá os recursos e cede o pessoal especializado, enquanto as organizações de base trazem o conhecimento territorial e as relações cara a cara com outros despossuídos com os quais têm vínculos horizontais e de confiança.

Nessa nova fase, as políticas sociais devem ser participativas e, portanto, revalorizar o componente de cooperação e associatividade como elementos cruciais para gerar redes de contenção a pessoas desempregadas.

> Quanto mais participação e mobilização dos setores afetados, maior a possibilidade de referenciar o problema do desemprego como um problema social e não como déficit pessoal, leitura que favorece o desenvolvimento das iniciativas socioprodutivas como uma estratégia das organizações do próprio setor afetado. (Clemente & Girolami, 2006, p. 135)

A partir do ponto de vista estritamente técnico, é produzida uma mudança notável: a associatividade, a capacidade de se organizar e mobilizar, se entrelaça com a necessidade das políticas sociais de restituir as capacidades perdidas para o trabalho e a cooperação entre diversos sujeitos e diferentes atores na sociedade. Essas capacidades são, justamente, as desenvolvidas pelos pobres organizados em movimentos e as que os ministérios de Desenvolvimento Social precisam potencializar para que os recursos enviados aos territórios da pobreza não sejam dilapidados por práticas clientelistas, corrupção ou simples ineficiência burocrática. Quero insistir no fato de que apoiar o movimento social não é apenas uma opção política para os governos progressistas do Cone Sul, mas o melhor modo de investir os sempre escassos recursos disponíveis com eficiência e retorno mais provável. Ter compreendido isso é uma das rupturas mais notáveis produzidas pela segunda geração de políticas sociais.

Pelo tipo de articulação, centrada na produção e no consumo da subsistência, a relação dos beneficiários com o Estado nesses projetos pode também ser menos assimétrica. Por fim, a possibilidade de restabelecer saberes relacionados ao trabalho (especialmente ofícios), que voltam a ser socialmente valorizados, também contribui para a construção de canais de integração social (Clemente & Girolami, 2006, p. 136).

O apoio aos projetos socioprodutivos, fruto dos milhares de empreendimentos criados pelos *piqueteros* para multiplicar os escassos recursos oferecidos pelo Estado durante a emergência social, tem leituras e derivações diversas. O Estado foi modificado pela crise, mas também o foram as organizações sociais. Em março de 2005, o programa estatal Manos a la Obra [Mãos à obra] do Ministério do Desenvolvimento Social financiou 33.861 unidades produtivas, chegando a um total de 425.670 pequenos produtores (Clemente & Girolami, 2006, p. 125). Uma intervenção dessa abrangência não por acaso influiu seriamente no microrrelacionamento interno dos empreendimentos. Estes ganharam estabilidade, melhoraram consideravelmente a renda de seus participantes e permitiram forjar relações de confiança com as instituições. Em resumo, azeitaram a governabilidade.

### Apenas um exemplo

Durante os anos de 2001 e 2002, os mais graves da intensa crise econômica, social e política vivida pela Argentina, foram criadas organizações de base, locais ou de caráter territorial, para enfrentar a sobrevivência diária. Realizaram-se centenas de assembleias de bairro (as estimativas variam entre trezentas e seiscentas, com particular ocorrência em Buenos Aires); nasceram centenas de grupos de desempregados (autodenominados *piqueteros*), que reivindicavam cestas básicas e planos assistenciais; cerca de trezentas fábricas cujos proprietários quebraram foram recuperadas pelos trabalhadores e colocadas para funcionar; os clubes de troca chegaram a contar com cerca de cinco milhões de usuários. Nos momentos mais difíceis de 2002, ocorreram entre dez e vinte bloqueios em estradas por dia e foram contabilizados até sessenta panelaços em apenas uma jornada de protestos.

Com o passar dos anos, parte substancial desses coletivos desapareceu, mas outra parcela não menos importante prosseguiu sua caminhada, ainda que tenha se transformado com o passar do tempo. Embora proclamem sua autonomia do Estado, quase todos esses coletivos têm algum tipo de vínculo com algum órgão estatal. Para exemplificar esse vínculo, comentarei apenas um entre os milhares de casos existentes, que ilustra os modos de intervenção estatal e algumas mudanças introduzidas no funcionamento das organizações de base. Com um olhar "micro", espero poder explicar o que entendo por "novas governabilidades".

A Cooperativa La Cacerola é uma experiência da vizinhança em um bairro de Almagro, área de classe média de Buenos Aires duramente castigada pela crise. A assembleia de bairro que começou a funcionar na Plaza Almagro na sequência do levante popular de 19 e 20 de dezembro de 2001 experimentou, como tantas outras, formas de economia solidária: clube de trocas, compras e feiras comunitárias e atividades culturais. Na assembleia havia um ex-padeiro cujo pequeno comércio falira, mas ele ainda possuía algumas máquinas e muita gente estava desempregada. No princípio tudo foi muito precário: saíam para vender pão pelas ruas, em escritórios e centros de ensino, apoiando-se na extensa solidariedade reinante na época. Durante meses, a venda ambulante constituiu a principal fonte de renda do coletivo.

Nessa primeira etapa, tudo era improviso e solidariedade, não havia horários de trabalho, improvisavam e resolviam os problemas com base na cooperação espontânea dos sete primeiros integrantes da padaria. Em setembro de 2003, uma assembleia de bairro decidiu criar uma cooperativa com dez integrantes que reformaram um galpão (abandonado e com ratos, segundo os vizinhos) cedido pelo município. Quase todos os que trabalhavam na adaptação do local recebiam transferências monetárias (cerca de setenta dólares) por estarem desempregados. Contavam apenas com dois pequenos fornos, mas o programa Manos a la Obra, do Ministério do Desenvolvimento Social, doou a eles cerca de dez mil dólares para a compra do restante do maquinário. Naquele mesmo mês, La Cacerola foi a primeira cooperativa a se integrar ao circuito de vinte concessionárias alimentares do governo, responsáveis pelo fornecimento da merenda a 24 escolas secundárias. Em 2003, a Dirección de Cooperadoras y Comedores Escolares [Direção de cooperativas e refeitórios escolares] do Ministério da Educação oferecia 120 mil cafés da manhã, sessenta mil almoços e trinta mil sanduíches a escolas primárias e pré-escolas. La Cacerola começou produzindo mil sanduíches diários em 2003, e até 2007 já eram 3,7 mil refeições diárias compradas pelo Estado. Além disso, o grupo mantém uma produção diária de pães, bolachas e pizzas que continua a vender em pequenos comércios e espaços solidários do bairro. Apesar disso, o grosso da produção e a parcela que mantém a cooperativa em pé correspondem à compra estatal.

Para cumprir seus compromissos, a cooperativa teve de se profissionalizar. Em 2007, já eram 39 trabalhadores (metade mulheres), que recebiam um salário estável um pouco acima do mínimo legal, mas de qualquer modo o dobro de quando começaram. Eles deixaram de lado o voluntarismo, adotaram três turnos de oito horas, formalizaram relações com os fornecedores, estabeleceram uma divisão rígida do trabalho e fortaleceram o papel do conselho administrativo, que conta com cargos eleitos e pessoal especializado em administração e controle de qualidade. Tiveram de cumprir as normas de higiene e segurança impostas pelo Estado e, para isso, remodelaram o prédio onde funciona a cooperativa. Têm um acordo com a universidade pública para cursar disciplinas de engenharia alimentar, permitindo-lhes capacitação permanente de pessoal.

Embora La Cacerola continue a ser um projeto político, faz parte do movimento da economia solidária, abriu um restaurante que se abastece com a própria produção e um centro cultural e social no mesmo prédio. O sucesso e a longevidade não teriam sido possíveis sem o apoio estatal. Esse apoio foi institucionalizado e tem alguns custos internos para a cooperativa: o estilo horizontal e autônomo característicos de seu nascimento foi dando espaço a uma modulação nova, na qual a eficiência requer fortalecer os órgãos de decisão e controle. As assembleias diárias de 2002 deram lugar a assembleias mensais, muitas delas apenas informativas, pois no intervalo de um mês a direção precisa tomar decisões que não podem passar por consultas com todos os cooperados. No entanto, já não estão na rua. Como todas as assembleias, nasceram no espaço público, o qual foram abandonando progressivamente, até instalar outros espaços semipúblicos como os centros culturais e diversos espaços de recreação.

Mais que avaliar experiências como a da La Cacerola, parece necessário refletir sobre o êxito obtido pelo Estado ao assegurar a governabilidade ao acompanhar esses processos coletivos. Não me refiro ao fato comprovado de que a maior parte desses empreendimentos se tornaram organizações sociais afins ao governo, e sim a dois processos mais sutis, porém não menos contundentes. As energias antes dedicadas ao protesto no espaço público foram sendo moduladas lentamente rumo à produção no espaço fechado. Ou seja, passaram da ruptura à integração ao circuito produtivo paraestatal. Isso foi conquistado sem confronto, sem violência, por meio de negociações e acordos. Ao azeitarem a continuidade da cooperativa, esses acordos transladaram o protesto para atividades úteis às instituições. Em 2005, o governo da cidade de Buenos Aires decretou que 3% do orçamento da Dirección de Comedores [Diretoria de refeitórios] seria destinado às cooperativas, e com isso passou a haver um instrumento legal para fomentar a governabilidade em escala territorial.

No entanto, a atividade política e social de La Cacerola, como a de tantos outros empreendimentos similares, é hoje muito parecida à realizada pelos sindicatos. A cooperativa, aliás, se integrou à Central de Trabajadores de la Argentina [Central de trabalhadores da Argentina] (CTA) no Plenario de Organizaciones Sociales y Sindicales [Plenário de organizações sociais e sindicais], no qual participam sindicatos estatais junto a organizações de desempregados, cooperativas, grupos de artesãos e ONGs. Instâncias como o Plenario permitem a uma infinidade de empreendimentos contar com um guarda-chuva organizacional para defender os direitos conquistados quando se modifica a correlação de forças, como ocorreu em 2007, momento em que o empresário conservador Mauricio Macri se tornou chefe do governo da cidade de Buenos Aires. Os vínculos com sindicatos e centrais sindicais são parte dessa inflexão organizativa de tantas entidades de base e, ao mesmo tempo, potencializam as mudanças que resultam na especialização de uma parte de seus integrantes nas artes da administração.

O fato de ter transformado, também de modo gradual e sem conflitos graves, movimentos contestadores, horizontais e autônomos em organizações sociais estruturadas como instituições é parte essencial da nova arte de governar — ou, em outras palavras, quando o Estado começou a ser "desenvolvido no interior dessa prática consciente das pessoas" (Foucault, 2006, p. 290 [2008, p. 330]). Uma vez que o Estado não é coisa, mas relação, as técnicas de governo tomam um lugar central. Quando já não estamos diante de movimentos sociais, mas de "sociedades em movimento" (Zibechi, 2003), seria contraproducente, para assegurar a governabilidade, reprimir ou inibir o movimento; trata-se, pelo contrário, de "apoiar-se na realidade desse fenômeno, não procurar impedi-lo, mas, ao contrário, fazer funcionar em relação a ele outros elementos do real, de modo que o fenômeno, de certo modo, se anulasse" (Foucault, 2006, p. 79 [2008, p. 78]).

### Desafios dos movimentos diante das políticas sociais

Nessa nova fase, são os movimentos que enfrentam um problema novo, para o qual não estavam preparados. A governabilidade no cenário nacional (ou regional) está ancorada e prefigurada em milhares de microespaços como os descritos, sendo que um não poderá ser compreendido sem o outro. A relação entre os governos progressistas da América do Sul e os novos movimentos sociais passa necessariamente por esses espaços e esses territórios nos quais o modelo inspirado no Consenso de Washington terminou por ser predatório do vínculo social. Porque a legitimidade dos governos não se joga principalmente no terreno das políticas macro, menos ainda no dos direitos universais, mas em seu papel como provedor de bem-estar da população (Chatterjee, 2007). Foi justamente no período da emergência, ao se mostrar capaz de garantir pelo menos a alimentação básica diária de milhões de pobres e empobrecidos, que o Estado argentino começou a superar a aguda deslegitimação provocada pela última ditadura militar (1976-1982) e por uma década de neoliberalismo predatório (1990-2000). Outros Estados latino-americanos ganham legitimidade, em grande medida, também pelos resultados de suas políticas sociais.

O problema maior enfrentado pelos movimentos nascidos na última década é que o modelo neoliberal, ou mais precisamente a acumulação por despossessão e o extrativismo, está longe de ter sido superado. Em toda a região, esse modelo tem se aprofundado, agravando as contradições sociais e ambientais, gerando o que o sociólogo brasileiro Francisco de Oliveira define como "hegemonia às avessas" (Oliveira, 2010a). Em sua opinião, longe de reduzir a autonomia do mercado, o governo Lula prosseguiu na trilha aberta pelos presidentes Fernando Collor (1990-1992) e Fernando Henrique Cardoso (1995-2003), já que "só faz aumentar a autonomia do capital, retirando das classes trabalhadoras e da política qualquer possibilidade de diminuir a desigualdade social e aumentar a participação democrática" (Oliveira, 2010b, p. 375). Contudo, apesar de continuar funcionando, o modelo neoliberal já não gira em torno das privatizações, da abertura econômica e das desregulamentações; volta-se à apropriação dos bens comuns. De qualquer modo, a desigualdade continua crescendo, apesar das políticas sociais (que no Brasil representam apenas 1% do PIB); os bancos têm os maiores lucros de sua história; e o crescimento econômico se baseia em exportações de commodities agropecuárias e de minério de ferro, em uma espécie de reprimarização da estrutura produtiva brasileira. É o caminho seguido por todos os países da região, independentemente das forças políticas encarregadas de administrar o governo.

As políticas sociais acompanham e "compensam" o aprofundamento do modelo neoliberal. Provocaram o desaparecimento na prática dos movimentos sociais, mas, sobretudo, despolitizaram a pobreza e a desigualdade ao transformá-las "em problemas de administração" (Oliveira, 2010a, p. 25). Os debates em torno da pobreza demonstram a pertinência dessa avaliação, pois aparecem centrados em questões técnicas e operacionais, nas quais se evaporam os conceitos de opressão e exploração e as causas estruturais da desigualdade. O simultâneo aprofundamento do modelo neoliberal e a extensão de programas sociais como o Bolsa Família colocam-nos frente a um fenômeno novo. Segundo Oliveira, os programas sociais não estão integrando as classes dominadas, como sustentam muitos analistas, mas apenas melhorando sua renda. O novo cenário, desde o triunfo eleitoral de Lula em 2002, impõe uma nova reflexão sobre o arsenal teórico com que se aborda a realidade. O autor sustenta que as classes dominadas assumiram a direção da sociedade, mas ao preço de legitimar o capitalismo selvagem:

> Estamos em face de uma nova dominação: os dominados realizam a "revolução moral" — derrota do apartheid na África do Sul e eleição de Lula e Bolsa Família no Brasil — que se transforma, e se deforma, em capitulação ante a exploração desenfreada.
>
> Nos termos de Marx e Engels, da equação "força + consentimento" que forma a hegemonia desaparece o elemento "força". E o consentimento se transforma em seu avesso: não são mais os dominados que consentem em sua própria exploração: são os dominantes — os capitalistas e o capital — que consentem em

ser politicamente conduzidos pelos dominados, com a condição de que a "direção moral" não questione a forma da exploração capitalista. É uma revolução epistemológica para a qual ainda não dispomos de ferramenta teórica adequada. Nossa herança marxista-gramsciana pode ser o ponto de partida, mas já não é o ponto de chegada. (Oliveira, 2010a, p. 27)

É o pior cenário imaginável para os movimentos, caso se pense em termos de longa duração e de emancipação. Que as classes dominantes aceitem ser governadas por aqueles que se proclamam como os representantes dos de baixo é, por um lado, o preço que tiveram de pagar ante a irrupção massiva desse abaixo organizado em movimentos.[47] Isso supõe, por outro, uma mudança cultural de longa duração na relação entre dominantes e dominados, sobretudo naqueles países — a maior parte entre os da região — onde tem governado uma oligarquia formada durante o período colonial, e que demonstra profundo desprezo pelas camadas populares.

Até o momento, há poucos debates sobre essa nova realidade. A maior parte dos movimentos e dos intelectuais de esquerda continua comprometida em considerar os governos progressistas como o mal menor, diante do temor da restauração das direitas conservadoras, com as quais algumas esquerdas têm cada vez menos diferenças. O problema poderia ser formulado, como faz o Grupo Acontecimiento, da seguinte maneira: "Como operar no interior de um campo no qual convivem o desejo de inventar — aqui e agora — uma nova radicalidade política e o fato de nos vermos constan-

---

[47] Excluo os casos de Bolívia e Venezuela, em que as classes dominantes estão vendo seus interesses afetados.

temente obrigados a ficar de fora dos processos que nos são propostos no dia a dia?".[48]

Para superar essa situação difícil, qualificada por alguns como "impasse" (Coletivo Situaciones, 2009), os movimentos e o pensamento crítico deveriam enfrentar quatro desafios incontornáveis, que comento agora.

(1) O tipo de regime político correspondente a um período marcado pela acumulação por despossessão e o modelo extrativista não é o mesmo que correspondeu ao período de substituição de importações e ao desenvolvimento industrial que permitiram construir um Estado de bem-estar, embora com todas as limitações encontradas na América Latina. Vivemos sob regimes eleitorais que permitem a rotatividade das equipes dirigentes, mas bloqueiam mudanças estruturais, salvo se existirem transbordamentos a partir de baixo que imponham a busca de novos modelos. Em resumo, são democracias restritas, tuteladas pelo poder brando dos meios massivos de comunicação, que condicionam e limitam a agenda política, e pelo poder duro do império, pelo capital financeiro e pelas multinacionais, os quais ameaçam desestabilizar os governos que buscam implementar mudanças estruturais. O Estado não poderá ser, portanto, a alavanca principal das mudanças necessárias. Para que sejam possíveis, é indispensável a irrupção dos setores populares organizados em movimentos.

---

[48] GRUPO ACONTECIMIENTO. "La afirmación de otra política de emancipación" [A afirmação de outra política de emancipação], *Revista Acontecimiento*, n. 20, p. 7, 2009.

(2) Na conjuntura atual, em sentido estrito, já não podemos continuar falando de movimentos sociais, mas de organizações sociais. Estas se caracterizam pela existência de hierarquias internas e divisão do trabalho entre aqueles que tomam decisões e os que as executam, substituindo os mecanismos de democracia direta característicos dos movimentos. Como parte da estatização da sociedade civil durante os governos progressistas, essas organizações têm, além disso, orçamentos fixos, fontes de recursos regulares, formação política e técnica própria, equipamentos e setor administrativo.[49] Muitos movimentos que têm sido formatados pela cooperação internacional e pelas políticas sociais apresentam um perfil muito similar, ou mesmo idêntico, ao das ONGs com as quais mantêm laços fluidos e relações de dependência econômica e intelectual. Uma das consequências é a profissionalização das equipes dirigentes dos movimentos. Não será possível recuperar o protagonismo dos movimentos sociais sem o retorno às práticas de base e um esclarecimento conceitual que leve a descartar ideias inseridas no corpo social pela cooperação internacional — ou seja, o retorno ao conflito como eixo estruturador dos movimentos e de sua análise e compreensão da realidade. O conceito de sociedade civil, por meio do qual se transmite a proposta política de trabalhar por uma sociedade harmônica integrada por atores que buscam o consenso e operam por meio dele, é um dos vários legados da cooperação.[50]

---

[49] RICCI, Rudá. "'Com o fim da era dos movimentos sociais, foi-se a energia moral da ousadia'", *Revista do Instituto Humanitas Unisinos*, 30 nov. 2009.

[50] PÉREZ-BALTODANO, Andrés. "Cooperación internacional y sociedad civil: el alto precio de una relación" [Cooperação internacional e sociedade civil: o alto preço de uma relação], *Revista Envío*, n. 291, jun. 2006.

(3) É preciso compreender as políticas sociais não como "conquistas", mas como uma forma de governar e conter os pobres para permitir a privatização dos bens comuns. O modelo extrativista atual não é sustentável sem políticas sociais porque inibe a distribuição de renda, exclui amplos setores da população (pois não necessita nem de trabalhadores, nem de consumidores), é polarizador e fomenta o controle militarizado dos territórios. Proponho que as políticas sociais sejam entendidas como um novo panóptico, como o modo de controle e disciplinamento a céu aberto das multidões que se aglomeram nas periferias urbanas. O problema mais grave, o qual muitas vezes ofusca a compreensão do dispositivo, é que as malhas da dominação estão tecidas agora com os mesmos fios que sustentaram a resistência: os movimentos, cunhados como organizações.

(4) O ponto final, o mais complexo e polêmico, é o que deriva da análise feita por Francisco de Oliveira: a política é substituída pela administração; o conflito, pelo consenso; a participação democrática se reduz, mas cresce a autonomia do capital. "O lulismo é uma regressão política, a vanguarda do atraso e o atraso da vanguarda" (Oliveira, 2010b, p. 376). Excluindo-se os casos de Bolívia e Venezuela, torna-se imperioso esclarecer, com base em um olhar de longa duração e na tensão pela emancipação social, o que significa esse conjunto que denominamos como "governos progressistas". Se olharmos a realidade a partir das urgências dos mais pobres e das relações interestatais, com enfoque especial para a relação com os Estados Unidos, esses governos estão sem dúvida um passo à frente. Mas, se os observarmos em perspectiva, voltando o olhar sobre a continuidade de um modelo que privatiza os bens comuns e polariza as sociedades, aprofundando a exclusão, o resultado parece muito menos claro. Pior ainda

se nos concentrarmos na perda de poder dos oprimidos, que nos últimos anos têm visto evaporar a potência de suas organizações e são cada vez mais dependentes das ajudas estatais para sobreviver, porque seus territórios — rurais e urbanos — têm sido ocupados pelo capital financeiro nas diversas formas assumidas por ele, de especulação imobiliária, apropriação e destruição da natureza. Não aparecem ainda no horizonte sinais de reativação do conflito como sinal de que os de baixo estão recuperando a capacidade de atuar politicamente.

### Referências

ARROYO, Daniel. *Políticas sociales. Ideas para un debate necesario*. Buenos Aires: La Crujía, 2009.

CHATTERJEE, Partha. *La nación en tiempo heterogéneo*. Lima: Instituto de Estudios Peruanos, 2007.

CLEMENTE, Adriana & GIROLAMI, Mónica. *Territorio, emergencia e intervención social*. Buenos Aires: Espacio, 2006.

COLECTIVO SITUACIONES. *Conversaciones en el impasse*. Buenos Aires: Tinta Limón, 2009.

CORAGGIO, José Luis. *De la emergencia a la estrategia. Más allá del "alivio a la pobreza"*. Buenos Aires: Espacio, 2004.

FOUCAULT, Michel. *Seguridad, territorio, población*. Trad.: Horacio Pons. Buenos Aires: Fondo de Cultura Económica, 2006. [Ed. bras.: *Segurança, território, população*. Trad. Eduardo Brandão. São Paulo: Martins Fontes, 2008.]

HARVEY, David. *El nuevo imperialismo*. Madri: Akal, 2004. [Ed. bras.: *O novo imperialismo*. Trad. Adail Ubirajara Sobral e Maria Stela Gonçalves. São Paulo: Loyola, 2004.]

KIRCHNER, Alicia. *La bisagra*. Buenos Aires: Ministerio de Desarrollo Social, 2007.

MINISTERIO DE DESARROLLO SOCIAL. *Políticas sociales de desarrollo y ciudadanía*. Buenos Aires: Ministerio de Desarrollo Social, 2007.

MINISTÉRIO DO TRABALHO E EMPREGO. "I Conferência Nacional de Economía Solidária", Brasília, 2006.

OLIVEIRA, Francisco de. "Hegemonia às avessas". *In*: OLIVEIRA, Francisco; BRAGA, Ruy & RIZEK, Cibele (orgs.). *Hegemonia às avessas: economia, política e cultura na era da servidão financeira*. São Paulo: Boitempo, 2010a.

OLIVEIRA, Francisco de. "O avesso do avesso". *In*: OLIVEIRA, Francisco; BRAGA, Ruy & RIZEK, Cibele (org.). *Hegemonia às avessas: economia, política e cultura na era da servidão financeira*. São Paulo: Boitempo, 2010b.

ZIBECHI, Raúl. *Genealogía de la revuelta*. La Plata: Letra Libre, 2003.

# OS POVOS PRECISAM DEFENDER A VIDA E O TERRITÓRIO

Publicado em Transnational Institute (TNI).
*State of Power 2018*, jan. 2018, p. 150-66.

Em muitas regiões da América Latina, os Estados nacionais não protegem seus cidadãos, em particular os setores populares, indígenas, negros e mestiços, os quais estão sozinhos diante da violência do narcotráfico, das quadrilhas criminosas, da segurança privada das empresas multinacionais e, embora pareça paradoxal, das próprias instituições armadas do Estado, como a polícia e as Forças Armadas.

Os vários massacres que se sucedem no México, como o desaparecimento de 43 estudantes em Ayotzinapa em setembro de 2014, não são uma exceção: são mais de trinta mil desaparecidos e duzentos mil mortos desde que o Estado declarou uma "guerra contra o narcotráfico" em 2007.[51] Com algumas diferenças, o que acontece no México se repete na maioria dos países da região. No Brasil, morrem de forma violenta sessenta mil pessoas a cada ano, 70% delas afrodescendentes, que em sua maioria são jovens pobres.[52]

Diante do panorama de violências que colocam em risco a vida das populações vulneráveis, alguns dos setores mais afetados decidiram criar mecanismos de autodefesa e con-

---

51 "Año 11 de la guerra contra el narco" [11º ano da guerra contra o narcotráfico], *El País*, 2006.
52 IPEA (Instituto de Pesquisa Econômica Aplicada). *Atlas da Violência 2017*.

trapoderes. No início, se restringem a formas defensivas, mas com o tempo conseguem estabelecer verdadeiros poderes paralelos ao Estado. As autodefesas são decisivas para a formação de poderes diferentes dos hegemônicos (centrados nas instituições estatais), pois são poderes ancorados nas práticas comunitárias. Apesar disso, devemos ir mais a fundo, nos pormenores, para poder decifrar do que se trata essa nova tendência dos movimentos sociais na América Latina.

A lógica estatal e a lógica comunitária são opostas, antagônicas. A primeira repousa no monopólio da força legítima em um determinado território e em sua administração, por meio de uma burocracia civil e militar permanente, não elegível, que se reproduz e é controlada por si mesma. A burocracia confere estabilidade ao Estado por permanecer inalterada mesmo diante de mudanças de governo. Transformá-la a partir de dentro é muito difícil e requer processos de longa duração. Na América Latina, acrescenta-se outro fator que torna ainda mais difícil qualquer tentativa de mudança: as burocracias estatais são criações coloniais, cujos líderes são recrutados entre as elites brancas, educadas e masculinas, em países nos quais a população é majoritariamente negra, indígena e mestiça.

Já a lógica comunitária está baseada no revezamento de tarefas e funções entre todos os membros da comunidade, tendo a assembleia como autoridade máxima. Nesse sentido, a assembleia como espaço/tempo para a tomada de decisões deve ser considerada um "bem comum". Apesar disso, não considero a comunidade como uma instituição, e sim como relações sociais que se desenvolvem em um espaço ou um território determinado.

Em um olhar centrado nos vínculos, não podemos reduzir o âmbito comum aos hectares de propriedade coletiva, aos edifícios e às autoridades eleitas em assembleias — que podem ser controladas por caudilhos ou burocratas. Podemos considerar a existência de uma comunidade como instituição e outra como vínculo social — uma diferença muito importante para a questão do poder. Na análise que proponho, o coração da comunidade não está na propriedade comum (embora essa propriedade continue a ser importante), mas nos trabalhos coletivos ou comunitários, que recebem os mais variados nomes — *minga*, *tequio*, *gauchada*, *guelaguetza* — e não devem se reduzir às formas de cooperação institucionalizadas nas comunidades tradicionais (Zibechi, 2015).

Os trabalhos coletivos são o sustento do âmbito comum e a verdadeira base material que produz e reproduz a existência de comunidades vivas, com relações de reciprocidade e ajuda mútua diferentes das relações hierárquicas e individualizadas próprias das instituições estatais. A comunidade se mantém viva não pela propriedade comum mas pelos trabalhos coletivos que são um fazer criativo, que recriam e afirmam a comunidade no dia a dia. Esses trabalhos coletivos são o modo como os e as integrantes fazem uma comunidade, uma forma de expressar relações sociais diferentes das hegemônicas.

Em seu trabalho sociológico, a integrante da comunidade maia guatemalteca Gladys Tzul assegura que na sociedade baseada nos trabalhos comunitários não há separação entre sociedade doméstica, que organiza a reprodução, e sociedade política, que organiza a vida pública; ambas se sustentam e se alimentam mutuamente. Nas comunidades vigora a complementaridade entre as duas sociedades por meio do governo comunal.

> O governo comunal indígena é a organização política para garantir a reprodução da vida nas comunidades, onde o trabalho comunitário é o alicerce fundamental em que repou-

sam e se produzem esses sistemas de governo comunitário e no qual se leva a cabo a participação plena de todos e todas. (Tzul, 2015, p. 133)

Os trabalhos coletivos podem ser encontrados em todas as ações da comunidade; são eles que permitem reproduzir não apenas os bens materiais, mas a própria comunidade enquanto tal, desde a assembleia e a festa até a contenção da dor por meio do luto e dos enterros, além de possibilitarem a coordenação de alianças com outras comunidades. As lutas de resistência que asseguram a reprodução da vida comunitária estão também ancoradas nos trabalhos coletivos.

O fato de enfatizar a multiplicidade de trabalhos coletivos nos permite abordar a questão do poder e do contrapoder a partir de outra perspectiva. Em primeiro lugar, nenhum desses dois é instituição, e sim relações sociais. Em segundo, por serem relações sociais, podem ser produzidos por qualquer sujeito coletivo em qualquer espaço, porque se separam da comunidade, das relações de propriedade e de suas autoridades para reaparecer onde quer que os sujeitos ou movimentos realizem esse tipo de práticas inspiradas no âmbito comunitário, mesmo que não sejam comunidades. Em terceiro lugar, ao pôr o foco nas relações sociais, podemos nos aproximar dos fluxos de poder, das mudanças nas relações de forças e, no caso dos movimentos sociais, dos ciclos de nascimento, amadurecimento e declínio inerentes à lógica social coletiva. Desse modo, não cairemos na tentação de considerar como poderes instituições que são na verdade elos da engrenagem estatal, como acontece com os *consejos comunales* [conselhos comunais] na Venezuela.

Nesse caso, os conselhos comunais dependem do financiamento estatal e funcionam em uma lógica burocrática, formam parte da estrutura organizacional do Estado e dão aval a ele, sem transcendê-lo, e, com o passar do tempo, mostram uma crescente homogeneização e perda de independência. Embora na Venezuela exista uma forte cultura igualitarista nos bairros populares, baseada na horizontalidade e na ausência de hierarquias, conclui-se que as contradições entre base e vértice se resolveram com o predomínio das direções, as quais reduziram e controlaram os espaços de igualitarismo (Boni, 2017).

Um problema grave para a emancipação é que em todas as culturas existem traços mais ou menos potentes de hierarquia, alimentada por relações patriarcais e machistas — inclusive nas comunidades indígenas e nos espaços afrodescendentes, nos quais o caudilhismo, o personalismo e o paternalismo se reproduzem de forma quase "natural". Por isso, acredito ser importante enfatizar os vínculos sociais expressos nos "trabalhos coletivos", em um sentido amplo, desde a assembleia até a festa. É um trabalho vivo e criativo, no qual existe certa possibilidade de modificar culturas e modos de fazer — bem diferente das instituições estabelecidas, que funcionam com base em inércias reprodutoras de opressões.

Portanto, os contrapoderes são, na prática, trabalhos coletivos, realizados tanto pelas comunidades rurais quanto pelas urbanas, para se defender de poderes superiores que colocam em risco sua sobrevivência. Nos exemplos descritos a seguir, aparecem algumas experiências nas quais se desenvolvem poderes antiestatais que têm em comum o fato de serem controlados por coletivos populares (ou comunidades).

É importante destacar que, nas cidades (como Cherán e Cidade do México), os contrapoderes estão inseridos em movimentos sociais territorializados que controlam espaços comuns e, portanto, precisam defendê-los. Nesse aspecto, há muitas semelhanças entre o que acontece em uma comunidade indígena rural e em um segmento popular de uma periferia urbana. A vida coletiva de ambos está sendo questionada por duas variantes do modelo extrativista de acumulação por despossessão: represas hidrelétricas e mineração a céu aberto, no caso rural, e especulação imobiliária ou gentrificação, nas cidades.

### A defesa da vida e da comunidade

As mobilizações multicoloridas do povo Nasa, nas montanhas do Cauca colombiano, realizam-se com um cordão de guardas que se colocam à frente e nas laterais, em forma de linha, protegendo os membros da comunidade, disciplinados e "armados" com *bastones de mando*, paus de madeira com símbolos ancestrais. A proteção e a defesa das comunidades são o objetivo da Guarda Indígena, que se considera uma instância de educação e formação política.

Todos os anos, realiza-se a formatura de centenas de guardas no norte do Cauca (sul da Colômbia), de homens, mulheres e jovens entre doze e cinquenta anos que participaram da Escuela de Formación Política e Organizativa [Escola de formação política e organizacional], na qual se capacitam em direitos humanos e na "lei originária" para exercer suas tarefas. A formatura é um ato de profundo conteúdo místico, realizado em um centro de harmonização e orientado pelos anciãos das comunidades junto a professores universitários e defensores dos direitos humanos.

A estrutura da Guarda Indígena é simples e mostra do que se trata essa organização: cada *vereda* [comunidade] elege em assembleia dez guardas e um coordenador. Depois é eleito um coordenador por *resguardo* [território indígena] e outro para toda a região. No norte do Cauca, há 3,5 mil guardas indígenas, que correspondem a dezoito *cabildos* [autoridades eleitas nos territórios indígenas].

"Não temos nada a ver com uma polícia, somos formadores de organização, somos proteção da comunidade e defesa da vida sem nos envolver na guerra [civil colombiana]", explica um dos coordenadores da Guarda Indígena.[53] A participação na guarda é voluntária e não remunerada, os vizinhos da comunidade e as autoridades colaboram na manutenção da horta familiar de cada guarda eleito e em algumas ocasiões fazem *mingas* [mutirões] para semear e colher.

Os guardas são avaliados uma vez por ano e podem ser mantidos na tarefa ou substituídos por outros, porque a organização repousa na rotatividade de todos os integrantes. A justiça comunitária — tarefa central da Guarda Indígena — busca recuperar a harmonia e os equilíbrios internos, se baseia na cosmovisão e na cultura nasa e se diferencia da justiça estatal, que isola e encarcera aqueles que cometem delitos. Os guardas defendem o território contra militares, paramilitares e guerrilheiros, que ao longo da guerra assassinaram e sequestraram centenas de moradores da comunidade. Nos últimos anos, também protegem o território do assédio das multinacionais da mineração responsáveis por contaminar áreas e deslocar populações.

Além de fomentar a formação e a organização das comunidades, os guardas promovem a soberania alimentar, incentivam hortas comunitárias e assembleias de reflexão sobre o "direito próprio", como denominam a justiça comunitária. A cada seis meses, eles participam dos rituais de harmonização, orientados pelos médicos tradicionais, como forma de "limpeza" individual e coletiva.

---

53 ZIBECHI, Raúl. "Colombia: autoprotección indígena contra la guerra" [Colômbia: autoproteção indígena contra a guerra], *Lavaca*, 16 abr. 2008.

A resistência pacífica é uma das marcas de identidade da Guarda Indígena. Em várias ocasiões, concentraram-se centenas de guardas, convocados por assobios tradicionais, para resgatar um prisioneiro sequestrado pelos narcoparamilitares ou pela guerrilha. Eles fazem valer o peso da quantidade de guardas disciplinados e de sua determinação para conseguir libertar as pessoas sequestradas, sem violência. Em algumas ocasiões, também já fizeram frente às Forças Armadas colombianas (Zibechi, 2014).

Em 2004, a Guarda Indígena recebeu o Prêmio Nacional da Paz entregue anualmente por um conjunto de instituições, entre elas as Nações Unidas e a Fundação Friedrich Ebert, da Alemanha, e se tornou uma referência para outros povos da Colômbia, como os afrodescendentes, e para trabalhadores rurais e as camadas populares vítimas da violência estatal ou privada.

### Autodefesa e movimentos sociais

O exemplo da Guarda Indígena não é uma exceção. Boa parte dos movimentos latino-americanos tem se valido de formas de autodefesa para a proteção das comunidades e de seus territórios. O avanço recente do extrativismo, com os empreendimentos de mineração, monoculturas e obras de infraestrutura, tem sido enfrentado pelos povos, que em alguns casos estabelecem formas de controle territorial com base em grupos controlados pelas comunidades.

Para explicar o que são as autodefesas e suas relações com os contrapoderes, vou descrever brevemente quatro casos, que se complementam com o da Guarda Indígena do sul da Colômbia: as *rondas campesinas* [rondas campoñesas] do Peru, a Polícia Comunitária de Guerrero e duas experiências urbanas, as fogueiras de Cherán e as brigadas da Comunidade Habitacional de Acapatzingo, na Cidade do México.

(1) Na década de 1970, nas zonas rurais remotas do Peru, não havia praticamente Estado, e os camponeses estavam desprotegidos diante dos ladrões de gado. Eram comunidades muito pobres e frágeis, localizadas em zonas de grande altitude, onde qualquer roubo pode desorganizar a economia de subsistência.

Em assembleias, decidiram fazer rondas à noite, para vigiar os ladrões de gado e se encarregar da segurança das comunidades. As *rondas campesinas* se instalaram primeiro como patrulhas noturnas rotativas entre todos os moradores, mas começaram a realizar obras em prol da comunidade (caminhos e escolas, entre outras) e mais tarde passaram a proporcionar justiça, atuando como poderes locais (Hoetmer, 2014).

As rondas se reativaram em Cajamarca, norte do Peru, contra o Conga, projeto de mineração de ouro, para evitar a contaminação de suas fontes de água, das quais depende a agricultura familiar. Decidiram, então, nomear-se Guardianes de las Lagunas, porque acampam a quatro mil metros de altitude, em zonas inóspitas, onde vive muito pouca gente, para vigiar, ser testemunhas e resistir à presença das multinacionais.

(2) O processo da Polícia Comunitária de Guerrero, do México, merece algumas reflexões. A Coordinadora Regional de Autoridades Comunitarias-Policía Comunitaria [Coordenação regional de autoridades comunitárias-Polícia comunitária] (CRAC-PC) nasceu em 1995, em contextos indígenas, para se defender da criminalidade. Formou-se inicialmente por 38 comunidades, as quais conseguiram reduzir os índices de

delinquência locais em 90% ou 95%. No princípio, entregavam os suspeitos ao Ministério Público, mas, ao notar que eles eram libertados em algumas horas, uma assembleia regional em 1998 decidiu criar as Casas de Justicia [Casas de justiça], onde o acusado pode se defender em sua língua, sem pagar advogados nem multas, já que a justiça comunitária busca a "reeducação" do condenado. No julgamento, a ideia é chegar a acordos e conciliar as partes, envolvendo familiares e autoridades comunitárias.

A "reeducação" do culpado consiste em trabalhar servindo a comunidade, já que essa justiça não prevê o encarceramento, buscando a transformação do indivíduo sob supervisão e acompanhamento das comunidades. A autoridade máxima da CRAC-PC é a assembleia aberta nas localidades pertencentes à Polícia Comunitária. As assembleias "nomeiam os coordenadores e comandantes, bem como podem destituí-los caso sejam acusados de não cumprir seu dever; tomam-se decisões relacionadas à atribuição de justiça em casos difíceis e delicados, ou sobre assuntos importantes que correspondem à organização".[54] A CRAC-PC nunca gerou uma estrutura de comando vertical e centralizada, funcionando como poderes distintos dos estatais, os quais nomeamos como autoridades comunitárias.

A partir de 2011, a experiência da Polícia Comunitária se expandiu de modo notável no estado de Guerrero — e por todo o México, ao se aprofundar a violência do Estado e do narcotráfico contra os povos e a deslegitimação dos apare-

---

[54] FINI, Daniele. "La Policía Comunitaria de Guerrero en México: una institución de los pueblos para la seguridad y justicia desde abajo" [A polícia comunitária de Guerrero, no México: uma instituição das comunidades para a segurança e a justiça vinda de baixo], *Revista Efe*, 2016.

lhos estatais. Em 2013, ocorreu um enorme salto, fazendo com que os grupos de autodefesa estivessem presentes em 46 dos 81 municípios de Guerrero e envolvessem cerca de vinte mil cidadãos armados.

Devem ser assinaladas as diferenças entre as polícias comunitárias e as autodefesas. Estas são grupos de cidadãos que se armam para se defender da criminalidade; diferentemente das primeiras, porém, seus membros não são nomeados pela comunidade nem lhe prestam contas por suas ações, não têm regulamentos nem princípios de funcionamento. Apesar disso, sua expansão notável se deve ao crescimento das autodefesas indígenas impulsionadas pelo levante zapatista de 1994 e reconhecidas pelo Manifesto de Ostula, de 2009, aprovado por povos e comunidades indígenas de nove estados mexicanos na 25ª Assembleia do Congresso Nacional Indígena (CNI), que reivindicou o direito à autodefesa.

(3) Cherán é uma pequena cidade de quinze mil habitantes no estado de Michoacán, no México, cuja população é majoritariamente de indígenas do povo Purépecha. Em 15 de abril de 2011, a população se insurgiu contra os desmatadores da região, pela defesa de seus campos de uso comum, pela vida e segurança comunitária, frente ao crime organizado protegido pelo poder político. A partir desse momento, a comunidade se autogoverna por meio das 179 fogueiras instaladas nos quatro bairros que formam a cidade, que são os núcleos do contrapoder indígena.

A população elege pelo sistema de "usos e costumes" um Concejo Mayor de Gobierno Comunal [Conselho superior de governo comunal], a principal autoridade municipal reconhecida, inclusive pelas instituições estatais. Não se realizam mais eleições com partidos; as assembleias é que elegem os governantes. As fogueiras são a extensão da cozinha nas barricadas comunitárias e transformaram-se em um espaço de convivência entre vizinhos, de troca e discussão, em que "se incluem ativamente xs meninxs, jovens, mulheres, homens e anciãos", e onde todas as decisões são tomadas.[55]

A imagem do poder comunitário em Cherán é um conjunto de círculos concêntricos. Na parte externa figuram os quatro bairros, e no centro está a Assembleia Comunitária, respaldada pelo Concejo Mayor de Gobierno Comunal, integrado por doze representantes, três de cada bairro. Depois aparecem o Conselho Operacional e a Tesouraria Comunitária, que conformam o primeiro círculo ao redor do centro/assembleia. Para completar, há outros seis conselhos, de administração, de bens comunitários, de programas sociais, econômicos e culturais, de justiça, dos assuntos civis e de coordenação dos bairros. Como dizem em Cherán, trata-se de uma estrutura de governo circular, horizontal e articulada.[56]

(4) A Comunidade Habitacional Acapatzingo é formada por seiscentas famílias na zona sul da Cidade do México (que tem 23 milhões de habitantes) e pertence à Organización Popular Francisco Villa de la Izquierda Independiente [Organização popular Francisco Villa da esquerda independente]. É o bairro popular mais consolidado do México urbano, com critérios de autonomia e auto-organização. A base da organização são as brigadas, formadas por 25 famílias. Cada brigada nomeia responsáveis para as comissões, que em geral são quatro: imprensa, cultura, vigilância e manutenção. Seus

---

[55] "Cherán K'eri: cuatro años construyendo autonomia" [Cherán K'eri: quatro anos construindo autonomia], *Subversiones*, 21 abr. 2015.

[56] *Cherán K'eri. 5 años de autonomia* [Cherán K'eri. 5 anos de autonomia], Concejo Mayor de Gobierno Comunal de Cherán, 2017.

integrantes são rotativos e nomeiam representantes para o conselho geral de todo o assentamento.

Quando surge um conflito, a brigada intervém, mesmo no caso de um problema dentro da própria família, e, dependendo da gravidade, pode ser solicitada a intervenção da comissão de vigilância e até do conselho geral. Cada brigada se encarrega uma vez por mês da segurança, mas o conceito de vigilância não é o tradicional (controle), já que ele gira em torno da autoproteção da comunidade, e seu trabalho principal consiste na educação dos moradores (Pineda, 2013).

A comissão de vigilância também tem o papel de marcar e delimitar o dentro e o fora, quem pode ou não entrar. Esse é um aspecto central da autonomia, talvez o mais importante. Quando ocorre uma agressão doméstica, as crianças saem para a rua, fazendo soar o apito, mecanismo utilizado pela comunidade diante de qualquer emergência. O ambiente interior do conjunto habitacional é aprazível, a tal ponto que é comum ver as crianças brincando sozinhas com toda a tranquilidade, em um espaço seguro e protegido pela comunidade, algo impensável na violenta Cidade do México.

Alguns movimentos do Norte global adotaram iniciativas muito similares a partir da crise financeira de 2008. A característica mais notável é a territorialização de algumas resistências e projetos coletivos, em particular na Grécia, na Itália e no Estado Espanhol, pelo que pude conhecer diretamente. Esse é o aspecto que provoca ressonância entre os movimentos do Sul e do Norte, não porque sejam idênticos, mas porque enfrentam problemas similares e percorrem caminhos com notável sintonia.

A Azienda Mondeggi, próxima a Florença, foi recuperada por dezenas de jovens que produzem vinho, azeite de oliva e mel, entre outros produtos, vivem de forma coletiva e, a partir disso, conseguiram recuperar dezenas de hectares para transformá-los em "bens comuns".[57] Outra experiência coletiva territorial notável é a resistência ao trem de alta velocidade no norte da Itália, o movimento No TAV no vale de Susa (Revelli & Pepino, 2012). Em Vitoria-Gasteiz, no País Basco, região autônoma da Espanha, jovens de movimentos populares recuperaram todo um bairro (Errekaleor),[58] defendendo-o da especulação imobiliária.

Nesses três países europeus existem fábricas recuperadas e centenas de centros sociais e culturais. Em algumas cidades espanholas, como Salamanca ou Valência, foram realizadas hortas semiurbanas nas quais os desempregados trabalham para conseguir alimentos e ter uma renda mínima. Algumas dessas experiências são de caráter coletivo, vinculadas a movimentos sociais.[59] À medida que as cidades do Norte são remodeladas pela especulação imobiliária, jovens e mulheres com acesso somente a postos de trabalho de baixa qualidade tendem a abrir espaços de diversos tipos, desde hortas até coletivos culturais e de comunicação alternativa, como forma de manter de pé relações sociais de camaradagem e solidariedade.

---

[57] BOTAZZO, Riccardo. "La fattoria senza padroni" [A fazenda sem donos], *Frontiere*, 16 out. 2016.
[58] ZIBECHI, Raúl. "Dos continentes, una misma lucha" [Dois continentes, a mesma luta], *Desinformémonos*, 2 maio 2016.
[59] BELLÓN, Fernando. "Los yayo-okupas de huertos urbanos en Valencia" [Os ocupantes das hortas urbanas em Valência], *Agroicultura Perinquiets*, 15 ago. 2015.

## Poder, contrapoder e poderes não estatais

Em um sentido muito geral, podemos assegurar que os movimentos sociais são contrapoderes desejosos de equilibrar ou contrapor os grandes poderes globais (empresas multinacionais) e os Estados nacionais, que costumam trabalhar juntos. Muitas vezes esses contrapoderes atuam de modo simétrico ao poder estatal, estabelecendo hierarquias similares, embora estejam ocupadas por pessoas de outras camadas sociais, de outras etnias e cores de pele, de outros gêneros e gerações.

O conceito de contrapoder nos remete a um poder que busca deslocar o poder existente e se constitui de modo muito similar ao poder estatal, tal como o conhecemos e padecemos, pelo menos nas sociedades ocidentais. Não se trata de entrar em um debate teórico sobre poder, contrapoder ou antipoder, teses defendidas por Toni Negri (2001) e John Holloway (2001), cujo grande problema é ignorar a realidade latino-americana, na qual os movimentos sociais não se contam por indivíduos, mas por famílias. (Quando você vai a uma comunidade indígena, a um acampamento de trabalhadores sem-terra ou de desempregados sem-teto, sempre dizem "somos tantas famílias".) Isso nos remete à comunidade; não uma comunidade essencialista, comunidade-instituição, mas a vínculos fortes e diretos, cara a cara, entre pessoas com relações estreitas na vida cotidiana.

Nas propostas das esquerdas que apostam no "contrapoder" pulsa a tentação de se transformar em novo poder, construído à imagem e semelhança do Estado-nação. O exemplo histórico seriam os sovietes da Rússia ou os Comitês de Defesa da Revolução (CDR) em Cuba, que, com o tempo, se tornaram parte do aparelho estatal, subordinaram-se ao Estado e foram absorvidos pela institucionalidade.

Na realidade das comunidades que resistem (daí meu extenso relato sobre as experiências concretas), os poderes construídos (sejam formas de autodefesa, sejam formas de exercer o poder) têm uma base completamente diferente da predominante nas grandes revoluções ou nos movimentos sociais. Na cultura política hegemônica, a imagem da pirâmide que inspira o Estado e a Igreja católica se repete constantemente nos partidos e nos sindicatos com uma regularidade assombrosa. O controle do poder passa por ocupar o ponto mais alto dessa pirâmide, e toda a ação política coloca as energias coletivas nessa direção.

Existem, contudo, outras tradições, bem distintas, nas quais toda a energia da comunidade é colocada de forma a evitar que os dirigentes tenham poder, ou seja, que se aproximem de um poder de tipo estatal, como assinala o antropólogo francês Pierre Clastres (Zibechi, 2010, p. 66). A comunidade é um poder, inclui relações de poder, mas essas têm outro caráter em comparação com o poder estatal. Os conselhos de anciãos e os cargos eleitos e rotativos são poderes transparentes permanentemente controlados pelo coletivo para que não ganhem autonomia, não se separem da comunidade e não possam exercer poder sobre ela, que é a característica do Estado, com suas burocracias não elegíveis, apartadas da sociedade e impostas sobre a população.

Ao nomear esses poderes, devemos diferenciá-los das outras formas de exercer o poder, e por isso proponho denominá-los poderes não estatais. Talvez o caso mais conhecido seja o das Juntas de Buen Gobierno, existentes nas cinco regiões zapatistas, que funcionam nos cinco caracóis. As Juntas, integradas por parcelas iguais de homens e mulheres, são eleitas entre as centenas de membros dos municípios autônomos. Toda a equipe de governo (24 pessoas, em alguns caracóis) muda a cada oito dias.

Esse sistema de rotação, como dizem as próprias bases de apoio zapatistas, permite que ao fim de certo período todos aprendam a governar. A rotação se registra nos três níveis do autogoverno zapatista: em cada comunidade, entre as pessoas que a integram; em cada município autônomo, pelos delegados eleitos, revogáveis e rotativos; e, em cada região, com as Juntas de Buen Gobierno. Está presente em mais de mil comunidades e 29 municípios autônomos. Cerca de trezentas mil pessoas se governam desse modo.

Cabe destacar duas questões. A primeira é o fato de se tratar do único caso em toda a América Latina no qual autonomia e autogoverno se expressam em três níveis com a mesma lógica de assembleias e rotatividade que na comunidade. Dos 570 municípios do estado de Oaxaca, 417 se regem por um sistema normativo interno, conhecido como "usos e costumes", que lhes permite eleger suas autoridades de forma tradicional, em assembleia e sem partidos políticos. Mas nem sequer nesse caso tão disseminado de autogoverno se conseguiu superar o nível municipal.

A segunda característica da autonomia zapatista é que ela não produz burocratas, porque a rotatividade as dispersa, evitando que se congele um corpo especializado e separado. Algo similar ocorre em Cherán e entre a Guarda Indígena na Colômbia e os Guardianes de las Lagunas no Peru. Apesar disso, no caso colombiano existem os *cabildos*, que governam um território ou *resguardo*, algo similar às regiões zapatistas. A ingerência do Estado, porém, por meio de planos de educação e saúde, e sobretudo pelo financiamento público, levou os *cabildos* a se burocratizar, mesmo existindo tendências contrárias importantes, como a Guarda Indígena, o coração do poder da etnia Nasa.

A importância dos poderes não estatais, entre os quais incluo as diversas formas de autodefesa assinaladas, reside no fato de que atualmente os movimentos sociais latino-americanos têm uma dinâmica dupla e complexa. Por um lado, interagem com o Estado e suas instituições, como fizeram todos os movimentos na história. Trata-se de um vínculo complexo e variável, de acordo com os países e as realidades políticas. Eles resistem ao Estado e às grandes empresas, apresentam-lhes condições e exigências, negociam e em muitas ocasiões obtêm recursos e demandas formuladas nas plataformas de reivindicações. É a ação típica do movimento sindical e da imensa maioria dos movimentos.

A segunda forma de ação, por outro lado, é mais recente e apareceu com força nas últimas décadas, sobretudo na América Latina. Junto ao vínculo com o Estado, os movimentos criam espaços e territórios próprios, seja ao recuperar terras que lhes haviam sido expropriadas, ocupando áreas ociosas de proprietários privados, seja ao tomar para si terras de instituições oficiais, nas mais diversas áreas rurais e urbanas. Cerca de 70% da superfície das cidades latino-americanas têm sido "ocupações", nas quais os migrantes rurais constroem moradias, bairros e a infraestrutura social, como escolas, centros de saúde e esportivos.

Muitos desses espaços ocupados ilegalmente são legalizados pelas instituições, que lhes oferecem ainda serviços coletivos. Mas muitos outros são reprimidos — ou seus integrantes têm uma intencionalidade diferente, que consiste em criar outras formas de vida, ou "outros mundos", na linguagem zapatista. Assim, transformam-se em "territórios em resistência", que, em alguns casos, caminham rumo a "territórios de emancipação", onde as mulheres e os jovens têm um papel destacado na configuração do que é novo.

É evidente que o sistema empurra milhões de pessoas a criar seus próprios espaços e territórios para poder sobreviver, porque não têm moradia, estão desempregados ou sofrem algum tipo de marginalização. Nesses espaços, buscam construir a saúde e a educação negada a eles pelo sistema, seja por ser de má qualidade, seja porque os serviços estão muito distantes e são de difícil acesso. Nos cinco mil assentamentos do Movimento dos Trabalhadores Rurais Sem Terra (MST), no Brasil, há 1,5 mil escolas com professoras nascidas nas comunidades e formadas no magistério estatal.

Todas essas construções precisam ser defendidas. Não estamos diante de situações excepcionais. Trinta mil pessoas (oito mil famílias) acamparam, de setembro de 2017 a março de 2018, na zona urbana da cidade de São Bernardo do Campo, no estado de São Paulo: a ocupação Povo Sem Medo, orientada pelo Movimento dos Trabalhadores Sem Teto (MTST). Elas precisaram de água, comida e serviços de saneamento todos os dias. Tudo isso serviu para defender o espaço (vários vizinhos dispararam armas de fogo contra os ocupantes), criar um modelo de tomada de decisões e resolver os problemas cotidianos. Estabeleceram um regulamento interno para garantir a segurança e o trabalho em equipes.[60]

Isso os levou a criar uma coordenação interna, a eleger seus membros e a sustentá-los todos os dias, durante meses. É um embrião de contrapoder ou de poder não estatal. Os caminhos não estão fixados de antemão, e cada experiência concreta toma os rumos que são definidos por seus integrantes segundo as condições e necessidades do momento.

---

60 MTST (Movimento dos Trabalhadores Sem Teto). "Um grito por dignidade", 2017.

# Referências

BONI, Stefano. *Il poder popular nel Venezuela socialista del ventunesino secolo*. Florença: Editpress, 2017.

HOETMER. Raphael. "Las rondas campesinas no son grupos terroristas", *Contrapunto*, v. 4, n. 5, p. 83-94, 2014.

HOLLOWAY, John. "Doce tesis sobre el anti-poder". In: *Contrapoder. Una introducción*. Buenos Aires: Ediciones de Mano en Mano, 2001.

NEGRI, Toni. "Contrapoder". In: *Contrapoder. Una introducción*. Buenos Aires: Ediciones de Mano en Mano, 2001.

PINEDA, César Enrique. "Acapatzingo: construyendo comunidad urbana", *Contrapunto*, v. 3, n. 10, p. 49-61, 2013.

REVELLI, Marco & PEPINO, Livio. *Non solo un treno: la democrazia alla prova della Val Susa*. Turim: Edizioni Gruppo Abele, 2012.

TZUL, Gladys. "Sistemas de gobierno comunal indígena: la organización de la reproducción de la vida", *El Apantle*, v. 1, n. 10, p. 125-140, 2015.

ZIBECHI, Raúl. *Dispersing Power. Social Movements as Anti-State Forces*. Oakland: AK Press, 2010.

# AS ESTRELAS NÃO SÃO ETERNAS

Publicado em Rel-UITA, 29 out. 2018.

Agora que o panorama imediato é obscuro, agora que já não podemos esperar nada de ninguém, a não ser de nossas próprias lutas, pode ser um bom momento para fazer uma pausa e refletir sobre os caminhos que temos percorrido nas últimas décadas. Em seu conjunto, o mapa político tem apontado fortemente para posições antitrabalhadores, antifeministas, contra os povos originários e os negros. O avanço do racismo e do machismo e a violência antipopular chegaram para ficar por um bom tempo. Embora alguns governos possam mudar, essas atitudes se enraizaram em nossas sociedades, inclusive no seio de algumas organizações populares. Estamos diante de uma inflexão social, à qual se somam a ascensão de governos de direita e extrema direita. Por isso, acredito ser um bom momento para a reflexão, sem deixar de aprofundar as resistências, de melhorar as organizações e de enfrentar os desafios mais urgentes.

Durante a primeira metade do século XX, o núcleo das organizações populares eram os sindicatos de massas, inicialmente segmentados por ofícios, quando a industrialização começou em alguns países. Eles eram o centro das resistências e da mudança social; eram o eixo da acumulação de forças, da conquista e da defesa de direitos. No âmbito político, a ação coletiva aspirava implantar uma sociedade mais justa por meio de vários mecanismos, às vezes contraditórios, mas sempre complementares. Onde foi possível, as esquerdas e os nacionalismos populares participaram de eleições. O comparecimento eleitoral, porém, não era um fim em si mesmo, mas parte de uma estratégia muito mais abrangente, que extravasava a via eleitoral.

### Tempo de revoluções

Houve levantes de massa e insurreições, como o célebre Bogotazo, de 1948, diante do assassinato de Jorge Eliécer Gaitán, na Colômbia; ou o levante operário de 17 de outubro de 1945 em Buenos Aires, que rompeu o poder da oligarquia e impôs um governo popular. Em outros países, como Brasil, Chile e Peru, os movimentos e as esquerdas ocuparam desde o espaço legal eleitoral até as ruas e os campos em diversas ações, sempre voltadas para um mesmo fim: impor a força dos de baixo.

Houve também revoluções: em 1911, no México, e em 1952, na Bolívia, que marcaram a fogo a história dos dois países, para além dos desvios posteriores de cada processo. Com a Revolução Cubana, em 1959, os eixos mudaram. Uma parte substancial do campo popular se voltou para a luta armada, em todos os países do continente.

No mesmo período, na segunda metade do século XX, ocorreram também insurreições (quinze levantes operários somente na Argentina, entre 1969 e 1973), além da histórica Assembleia Popular em 1971 na Bolívia e dos potentes Cordones Industriales no Chile de Allende, formas de poder popular a partir de baixo. Todas as modalidades de luta estavam combinadas: a eleitoral, a insurrecional e a guerrilheira.

## A armadilha eleitoral

Com o neoliberalismo, depois das ditaduras do Cone Sul, as coisas mudaram drasticamente. As guerrilhas centro-americanas e colombiana abandonaram as armas para entrar em discutíveis — embora necessários — processos de paz.

Nos anos 1990, as esquerdas deixaram de se preparar para liderar insurreições (como as ocorridas em Equador, Bolívia, Venezuela, Paraguai, Peru e Argentina, que, juntas, derrubaram mais de dez governos) e passaram a se concentrar no terreno eleitoral. Nesse aspecto, vejo dois problemas, que são derivados da aposta integral na estratégia eleitoral como a única alternativa imaginável.

O primeiro é que a diversidade de formas de luta tem sido uniformizada pela preocupação com as urnas, o que debilita o campo popular. Sempre pensei — e continuo pensando — que concorrer às eleições equivale a jogar no terreno do inimigo de classe. O que não quer dizer que não seja preciso fazê-lo. Mas não devemos jogar apenas nesse espaço, desarticulando os poderes populares.

O segundo é que as entidades patronais e as elites estão esvaziando as democracias, deixando de pé apenas a sua casca eleitoral. O panorama seria o seguinte: podemos votar de tempos em tempos, eleger presidentes, deputados e prefeitos, mas não podemos eleger o modelo econômico social e laboral desejado. Isso está fora da discussão. Por essa razão digo que temos eleições, mas não temos verdadeira democracia.

Aqui, é necessário fazer uma pausa no debate.

As elites estão deixando de lado inclusive as liberdades democráticas. É a isso que se propõe Jair Bolsonaro quando diz que vai "pôr fim ao ativismo", ou quando Patricia Bullrich, ministra da Segurança da Argentina [no governo de Mauricio Macri], assegura existir "conivência entre os movimentos sociais e o narcotráfico", dando sinal verde para a repressão. Estamos diante de uma curva da história que nos obriga a avaliar o que temos aprendido e o que temos feito para encarar as insuficiências e avaliar por onde seguir. Limitar-nos ao terreno eleitoral é subordinar-nos à burguesia e ao império, pois estaremos com pés e mãos atadas à sua agenda.

E então?

As estratégias não se inventam. Sistematizam-se e se generalizam, o que já é bastante. Na história das lutas de classes, as estratégias eram definidas por um pequeno círculo de homens brancos ilustrados em comitês centrais ou direções de partidos de esquerda e nacionalistas. Isso não voltará a ocorrer, porque se tratava de uma lógica patriarcal que os movimentos de mulheres felizmente têm se encarregado de desmontar.

Acredito que temos dois caminhos para avançar. Um é recordar o que fez o velho movimento operário, e o outro corresponde ao que estão fazendo os povos originários e negros.

O primeiro consiste em recuperar — sem imitá-lo — aquele rico universo proletário que contava com sindicatos, associações culturais, cooperativas, teatro popular, universidades populares e bibliotecas, em um leque amplo de iniciativas que incluíam a defesa do trabalho, a organização do tempo livre e do consumo, a formação e a diversão. Tudo isso por fora dos canais do Estado e do mercado. A classe operária podia fazer toda a sua vida, menos o horário de trabalho, em espaços autocontrolados.

A segunda é observar o que os povos têm feito. Em comunidades indígenas e em palenques/quilombos, encontramos tudo o que foi mencionado acima, além de espaços de saúde e de produção de alimentos e de reprodução da vida.

Na Argentina, há quatrocentas fábricas recuperadas; na Colômbia, doze mil sistemas de canalização de água comunitários; e, no Brasil, 25 milhões de hectares recuperados em uma reforma agrária a partir de baixo.

O que proponho é pensar a transição para o mundo do amanhã a partir desses espaços, não a partir do Estado. Meu sonho é que esse nosso mundo cresça, e que coloquemos nesse crescimento o melhor de nossas forças.

Se, além de tudo isso, formos às eleições e vencermos, tanto melhor. Mas sem desarticular esse nosso mundo.

# VIOLÊNCIA E ÓDIO DE CLASSE

Publicado em *La Jornada*, 30 mar. 2018.

Quais relações podemos estabelecer entre o assassinato da vereadora Marielle Franco e o julgamento penal contra Lula? Como vincular a destituição ilegítima de Dilma Rousseff com a intervenção militar nas favelas? Quais vínculos existem entre o aumento exponencial da violência contra negros e negras e os recordes sucessivos da bolsa de valores de São Paulo?

A resposta é: um fio de sangue chamado ódio de classe. Um ódio herdado da escravidão e da ordem colonial em que ela prosperou. Os escravistas se preocupavam com os escravizados apenas quando fugiam e criavam quilombos, espaços de liberdade e de vida transformados em referência para todos os que viviam sob grilhões.

Mesmo para quem não defende Lula e suspeita de que as acusações contra ele tenham certo fundamento, é evidente que sua condenação e a queda de Dilma abriram as comportas para o ódio enraizado, colonial e genocida dos de cima. Nesse clima hostil, foi assassinada Marielle — negra, feminista, lésbica, nascida na Maré, complexo de favelas às margens da Baía de Guanabara.

A peculiaridade do Brasil, pelo menos nesses anos, é que o 1% conta com o apoio de uma importante parcela da sociedade, provavelmente entre 30% e 50% da população: as velhas classes médias, a parcela dos pobres que ascenderam alguns degraus na escala social e todos os que sonham em emular os mais ricos. Odeiam os pobres porque sentem o fantasma da precariedade sobre a cabeça.

Não estou, porém, de acordo com aqueles que consideram a reação popular ampla e justa ao assassinato de Marielle uma nova conjuntura. Sem dúvida, isso piora as expectativas da direita e melhora as da esquerda, com ou sem Lula no cenário eleitoral. Mas as coisas são muito mais profundas e, sobretudo, mais duradouras.

Os que conhecem minimamente a Maré, o complexo de favelas com mais de 150 mil habitantes onde Marielle nasceu, sabem que a violência não começou com a intervenção militar de Michel Temer. Mais de meio século de história permite assegurar que a pressão e a repressão sobre os moradores da comunidade nunca cederam, nem sequer durante os governos de Lula e Dilma.

Os mais velhos se lembram com certa saudade do governo estadual de Leonel Brizola no Rio de Janeiro (1983-1987). Junto a seu vice, Darcy Ribeiro, ambos do Partido Democrático Trabalhista (PDT), Brizola defendeu o empoderamento dos pobres — por isso, foram acusados de paternalistas. Brizola ordenou que a polícia não fizesse invasões arbitrárias nas favelas e reprimisse os esquadrões da morte parapoliciais. Mais de duzentos policiais foram processados. Seu governo foi a exceção nas relações com a população pobre e negra.

Diante dos chamados por unidade (eleitoral) e pela formulação de um programa comum (de governo) neste ano de eleições presidenciais [2018], convém enfatizar a necessidade de uma política que se separe tanto do confronto como das instituições. Poucas vezes os escravizados enfrentaram de frente os proprietários, porque a assimetria era (e continua a ser) brutal. Nunca foram ingênuos a ponto de sonhar que a liberdade viria de uma gestão compartilhada das plantações com seus amos (algo análogo ao projeto progressista). Colocavam toda a energia em preparar fugas para fundar espaços de liberdade, como os quilombos.

Como seria uma política ancorada na fuga do capitalismo, na criação de espaços de liberdade e na resistência frente aos embates dos opressores? Acredito que seja como o que têm feito as mulheres em luta, os povos indígenas mais decididos e, notadamente, os zapatistas. Precisamos de uma política do tipo quilombo ou comunidade indígena/camponesa e popular. Isso é urgente, necessário e possível.

É urgente porque devemos desmontar a lógica do combate frontal com o inimigo. Não estou defendendo que não se resista, não se enfrente, e sim a urgência de nos cuidarmos como povos e classes, já que o projeto de cima tem como intuito nos liquidar. O assassinato de Marielle teve uma resposta institucional tão indiferente quanto à do desaparecimento dos 43 estudantes de Ayotzinapa, no México. O poder defende a repressão, enquanto as classes médias e os grandes meios de comunicação culpam as vítimas. Dizem que Marielle era traficante.

Essa política é necessária porque devemos olhar a longo prazo em vez de desperdiçar as poucas energias coletivas que ainda temos em disputas que não levam a lugar nenhum — ou, pior, dissipam as energias coletivas no altar eleitoral. Os corpos que preparam fugas (do capitalismo, do patriarcado, da fazenda, do controle institucional) devem ser treinados em tempos e espaços bem distintos daqueles dos corpos que se preparam para ocupar cadeiras na institucionalidade. Enquanto alguns precisam se expor permanentemente às luzes midiáticas, outros preparam em silêncio a evasão. Quando a assimetria de poder é tão grande como a observada entre o 1% e a parcela mais pobre, deve-se atuar com cautela extrema, inclusive simulando obediência, como sustenta James Scott em *Los dominados y el arte de la resistencia*

[Os dominados e a arte da resistência]. São culturas políticas diametralmente opostas, entre as quais o diálogo é muito complexo porque falam línguas diferentes.

E é possível porque já existe uma política desse tipo (ancorada nos quilombos e nas comunidades). É o que mostram as dezenas de organizações nas favelas, como as que pude conhecer no Complexo do Alemão e no Timbau (na Maré), em Brasília e em Salvador.

O assassinato de Marielle é uma mensagem contra a nova geração de militantes negros que se multiplicaram a partir das mobilizações de junho de 2013. Esse novo ativismo tece um fio de rebeldia que liga o Quilombo dos Palmares, no século XVII, à primeira favela do Rio de Janeiro (Morro da Providência, em 1897), passando pelo Teatro Experimental do Negro na década de 1940. Está forjando outras histórias, abaixo e à esquerda.

# DEZ L SOBRE A OUTRA ECONOMIA, ANTIPATRIARCAL E ANTICAPITALISTA

Publicado em *Desinformémonos*, 20 maio 2020.

Na semana passada, assisti a uma aula magna de "economia política a partir de baixo", que discutiu as relações necessárias para cuidar da vida e reproduzi-la, as quais se tecem nos canais invisíveis da sociedade. Não é nenhum acaso que tenham sido quatro mulheres as encarregadas de desvelar esse mundo, todas integrantes de assembleias territoriais nascidas durante a revolta chilena de 2019.

Duas delas vivem em Valparaíso, onde a lógica de construção não é de bairro, mas de morros, que marcam a geografia urbana. Além de cerca de vinte assembleias em outros tantos morros, formaram *cordones* [cordões], nome que remete aos Cordones Industriales de Santiago criados no governo de Salvador Allende (1970-1973).

Outras duas são integrantes da Asamblea Villa Olímpica [Assembleia Vila Olímpica] e da Red de Abastecimiento [Rede de abastecimento], nascida nessa área, mas disseminada para boa parte de Santiago — uma cidade que já viu nascer quase duzentas assembleias ainda ativas, não mais nas ruas, mas vinculando a vida de *comunas* e bairros de uma capital infestada de *carabineros* [policiais] e militares.

## LIÇÃO 1: ASSUMIR A RESPONSABILIDADE PELA VIDA

— Todos os aspectos da vida estão em crise: saúde, educação, alimentação. A revolta chilena gerou consciência coletiva, a ponto de defendermos umas às outras, e muita criatividade organizacional, que, sob a pandemia, permite que nos motivemos de outros modos. Cuidamos uns dos outros juntos e juntas, cuidamos dos mais vulneráveis, com redes de abastecimento, compras coletivas, hortas urbanas... (Nelly, das assembleias territoriais de Valparaíso)

— Esse contexto evidencia como o governo assassino não se responsabiliza pela vida do povo, apenas militariza as ruas para salvar seus negócios. A sustentabilidade da vida está em nós, mulheres, em nossas organizações e nossos corpos; eles vão apenas nos reprimir, querem naturalizar uma ditadura na democracia. Resta-nos apenas "o povo cuida do povo", porque virá algo grave sobre nós, como a falta d'água. (Beatriz, da Assembleia Villa Olímpica)

— O que vivemos é uma militarização desmedida do território. Nessa situação, em que o governo apenas nos reprime, temos de assumir a responsabilidade pela vida, pela sustentabilidade da vida. (Pamela, do setor de comunicação das assembleias territoriais de Valparaíso)

## LIÇÃO 2: EMPATIA COM A TERRA

— As hortas urbanas dependem de um processo muito lento. Caso se pretenda alimentar todo um bairro, não é possível. Mas elas criam uma relação diferente com a natureza, com o consumo, porque geram experiências novas, como a compostagem, que faz com que os vizinhos separem o lixo e se encarreguem de seus resíduos para levar à horta comunitária. Assim, vai se formando uma relação de empatia com a terra que é muito diferente de comprar no supermercado. Além disso, criamos vínculos entre nós, mulheres: criamos uma comunidade. (Pamela)

**LIÇÃO 3: FUGIR DO SUPERMERCADO, CRIAR UMA COMUNIDADE**

— As assembleias realizam compras diretas dos agricultores, sem passar por intermediários, para o abastecimento dos bairros. Fizemos um cadastro de vizinhos em situação de vulnerabilidade, de idosos e pessoas acamadas ou com problemas financeiros, para que tenham acesso a uma cesta básica. (Pamela)
— A rede de abastecimento começou há quatro anos para coletivizar as compras e evitar intermediários a fim de reduzir os preços, mas também para criar uma comunidade em torno de algo tão importante quanto a alimentação. Começamos com compras coletivas de verduras. A rede cresceu, e entramos em contato com outras redes da cidade para fornecer verduras, itens de mercearia, proteínas, carnes, artigos de higiene. Isso permite que as pessoas da rede não frequentem o supermercado, que é um foco de contágio [de coronavírus]. Na minha casa toda a alimentação é adquirida através da rede, sem ir ao mercado. (Siujen, rede de abastecimento Villa Olímpica)

**LIÇÃO 4: A SAÚDE E A ECONOMIA DOS AFETOS**

— Vínculos afetivos, cuidados e abraços nos mantêm de pé, nos incentivam a seguir em frente apesar dos contratempos. Isolados, não podemos permanecer saudáveis. Não só os alimentos e os remédios nos curam, mas também os afetos, que são essenciais para enfrentar a escassez e a doença de uma forma diferente. Cuidamos de nós mesmos, mas também rejeitamos o isolamento imposto [durante a pandemia de covid-19], assim como rejeitamos a mercantilização da saúde.

## LIÇÃO 5: REDISTRIBUIR EM VEZ DE ACUMULAR

— Cada um de nós, enquanto membro da comunidade, desembolsa um valor que nos permite ajudar as pessoas que não podem pagar a cesta. Com essa quantia vamos criando uma pequena poupança, que nos transforma em uma espécie de microbanco para emprestar às pessoas com mais problemas financeiros, porque pensamos que o pior momento vai ser depois, quando não houver trabalho e tudo estiver na informalidade. A maior parte dos integrantes da rede trabalha na informalidade. (Siujen)

— A ideia de que o povo ajuda o povo é a questão primordial. Formamos um fundo comum e fazemos um rodízio para enviar recursos para a família da rede que mais precisa, a mais vulnerável, depois de uma discussão sobre os critérios. Agora temos de pensar em como vamos apoiar as pessoas que ficam doentes, porque tem acontecido uma explosão de casos [de covid-19] e o sistema não vai aguentar. A única coisa que o governo sabe fazer é mandar os militares para as ruas. (Beatriz)

## LIÇÃO 6: AS MULHERES OU A REDE DE REDES

— Somos as mães, as cuidadoras, as que criam e sustentam tudo, por meio das trocas, do apoio mútuo, sem dinheiro.

Na rede se cruzam três ou quatro redes, e a Villa Olímpica se transformou em uma regional de distribuição de uma parte de Santiago. (Siujen)

### LIÇÃO 7: CARA A CARA, SEM INTERMEDIÁRIOS

— Fazemos a distribuição das redes La Canasta e Pueblo a Pueblo, que fornecem verduras sem intermediários, em contato direto com fornecedores, com pessoas que produzem fora de Santiago e precisam trazer suas colheitas para a região metropolitana. Procuramos apenas trabalhar com os intermediários para os quais essa compra e venda de produtos serve como única fonte de renda. Atualmente buscamos outros itens, sementes, grãos, algo que não tínhamos até então. (Siujen)

### LIÇÃO 8: CUIDAR-NOS EM COMUNIDADE

— Estou com covid faz duas semanas e na minha casa não falta nada, as companheiras e os companheiros estão colocando a corpa[61] na luta e vêm até a minha casa para me entregar os alimentos. É um exemplo de como a solidariedade e as redes amigas estão permitindo que a vida não se degrade tanto. (Beatriz)

---

61 *Poniendo la cuerpa*, no original. [N.T.]

## LIÇÃO 9: POBRE É QUEM ESTÁ SOZINHO

— A precariedade de fato é aquela vivida por pessoas que não estão conectadas com redes solidárias, é a solidão e a privação, porque o dinheiro não serve para nada se não há uma rede que leve a comida para você. (Beatriz)

## LIÇÃO 10: REVOLTA, A MÃE DO MUNDO NOVO

— Chamamos [a mobilização social de 2019 no Chile] de revolta porque *estallido* [explosão] foi o nome dado pela classe dominante, porque o protesto explodiu para eles de surpresa. (Nelly)
— Ai de nós se a revolta não tivesse passado por nossa vida, multiplicando nossos contatos e redes. (Beatriz)
— Agradecemos a revolta porque, sem esse processo, a pandemia teria sido muito cruel, não teríamos fortalecido laços de confiança nem conhecido outras organizações. A revolta nunca acabou, tomou outros caminhos. Geramos ferramentas que não teríamos criado sem a pandemia. Não tem jeito de a revolta não continuar no Chile. (Siujen)
— A revolta passou pelo nosso corpo, não nos esquecemos dos mortos e dos mais de quatrocentos manifestantes feridos intencionalmente nos olhos. O que fazemos nas assembleias é questionar a vida que temos levado até agora. O outro mundo possível, estamos fazendo agora, e ninguém pode nos tirar desse lugar; o Chile está mudando. (Nelly)
— Neste contexto obscuro, o que vai nos salvar é o que sempre tem nos salvado como povo: a qualidade de nossos vínculos, a coragem para enfrentar a adversidade, a profunda valentia que existe em cada mulher que sai para fazer compras ou pegar a farinha no atacado e dividi-la com os outros

membros de sua rede. Nem a pandemia, nem a repressão, nem as torturas ou os assassinatos vão destruir esse mundo novo que levamos no coração. A revolta nos conectou com os séculos de resistência profunda do nosso povo. (Beatriz)

———

"Agricultura alelopática", exclama Doricel do outro lado do telefone. Repete várias vezes. E nada. Não resta alternativa a não ser recorrer ao dicionário — bom, à Wikipédia.

Ela tenta explicar por que nos bairros periféricos de Popayán, onde estudantes e vizinhos empreenderam a agricultura urbana e os refeitórios populares, eles escolheram hortas circulares, apesar da resistência de alguns.

"É o sistema utilizado pelos povos originários, e fazemos assim porque é mais eficiente e serve para abrir a mente para outras possibilidades além das dos quadriculados", explica. Também permite aproveitar melhor a água, já que se usam apenas 30% do que é necessário nos cultivos lineares.

"Além disso, o nosso sistema é muito diverso, hortaliças, legumes, ervas aromáticas, cebola, alho, e isso nos permite fazer um sistema alelopático. As plantas que não resistem aos insetos são protegidas pelas aromáticas que cultivamos no círculo seguinte. A diversidade repele os insetos, e as aromáticas atraem os polinizadores. Buscamos a complementação."

As hortas circulares se relacionam com a cosmovisão indígena, que estabelece uma conexão entre a terra e o Universo. Por último, explica Doricel, "com essa técnica se fortalece mais o tecido social, porque permite que as comunidades trabalhem de maneira mais cooperativa".

Os homens e as mulheres que cultivam hortas na periferia urbana de Popayán levam consigo pequenos panos e fitas vermelhas. Nas grandes cidades, as autoridades pediram aos moradores que passavam necessidades que pendurassem um pano vermelho nas janelas. "Aqui ressignificamos os panos vermelhos, ao transformá-los em elementos de resistência, de dignidade", aponta Doricel, lembrando que em sua cidade 84% da população trabalha na informalidade.

———

A população voltou às ruas, em Santiago e em Porto Príncipe, em Atenas e Montevidéu, em várias cidades assediadas pela quarentena e pela fome. Uma onda de dignidade começa a varrer nosso continente. Grandes panelaços em Santiago, barricadas e ataques a pedras em El Bosque, La Victoria e La Legua, *comunas* cansadas do confinamento e da miséria denunciam a incompetência do governo. Em 18 de maio de 2020, o silêncio se rompeu, retomando as ruas.

# SOB**
## AUTOR

FOTO: DIVULGAÇÃO

RAÚL ZIBECHI nasceu em 1952, em Montevidéu, no Uruguai. É jornalista, escritor e ativista, profundo conhecedor dos movimentos sociais na América Latina. Publicou diversos livros, entre os quais *Dispersar el poder: los movimientos como poderes antiestatales* (Tinta Limón, 2006), *Territórios em resistência: cartografia política das periferias latino-americanas* (Consequência, 2015), *Brasil potência* (Consequência, 2012), *Los desbordes desde abajo: 1968 en América Latina* (Desde Abajo, 2018) e *Mundos Otros y pueblos en movimiento: debates sobre anti-colonialismo y transición en América Latina* (Desde Abajo, 2022).

# SOBRE ORGANIZADORES

ALANA MORAES é doutora em antropologia pelo Museu Nacional da Universidade Federal do Rio de Janeiro (UFRJ), pesquisadora do Laboratório de Tecnologia, Política e Conhecimento (Pimentalab) da Universidade Federal de São Paulo (Unifesp) e da Rede Latino-Americana de Estudos sobre Vigilância, Tecnologia e Sociedade (Lavits). Atualmente desenvolve pós-doutorado no Instituto Brasileiro de Informação em Ciência e Tecnologia (IBICT) e colabora com o curso de pós-graduação em Estudos Decoloniais e Ciências Humanas da Pontifícia Universidade Católica de São Paulo (PUC-SP).

LUCAS KEESE atua desde 2009 como indigenista e pesquisa práticas tradicionais e tecnologias agroecológicas para o fortalecimento do território e da autonomia política do povo Guarani. É mestre em antropologia pela Universidade de São Paulo (USP) e autor do livro *A esquiva do xondaro* (Elefante, 2021). Atualmente vive junto aos Guarani na Terra Indígena Tenondé Porã e compõe a assessoria de sua organização regional autônoma, o Comitê Interaldeias.

MARCELO HOTIMSKY é indigenista e atua, desde 2014, junto ao povo Guarani do Sul e do Sudeste do Brasil. É mestrando em antropologia social e bacharel em filosofia pela USP e membro do Programa Guarani do Centro de Trabalho Indigenista (CTI).

[cc] Editora Elefante, 2022

Esta obra pode ser livremente compartilhada, copiada, distribuída e transmitida, desde que as autorias sejam citadas e não se faça qualquer tipo de uso comercial ou institucional não autorizado de seu conteúdo.

Primeira edição, setembro de 2022
São Paulo, Brasil

---

Dados Internacionais de Catalogação na Publicação (CIP)
Angélica Ilacqua CRB-8/7057

---

Zibechi, Raúl
Territórios em rebeldia / Raúl Zibechi; organizado
    por Alana Moraes, Lucas Keese, Marcelo
    Hotimsky; tradução de Gabriel Bueno da Costa.
    — São Paulo: Elefante, 2022.
264 p.

Bibliografia
ISBN 978-85-93115-74-5

1. Ciências sociais 2. América Latina
3. Movimentos sociais
I. Título II. Moraes, Alana III. Keese, Lucas
IV. Hominsky, Marcelo V. Costa, Gabriel Bueno da

22-3256                                         CDD 300

Índice para catálogo sistemático:
1. Ciências sociais

---

**Editora Elefante**
editoraelefante.com.br            Sol Ester [comercial]
editoraelefante@gmail.com         Samanta Marinho [financeiro]
fb.com/editoraelefante            Isadora Attab [redes]
@editoraelefante                  Katlen Rodrigues [mídia]

*Territórios em rebeldia*, de Raúl Zibechi, é o centésimo título da Elefante. Viva! A escolha da obra e do autor está repleta de significados. O catálogo da Elefante foi inaugurado com *O Equador é verde*, uma livre-reportagem sobre o processo político equatoriano do início do século XXI. Durante as pesquisas para o livro, o autor, Tadeu Breda, futuro editor (e fundador, com Bianca Oliveira) da Elefante, conheceu o jornalista uruguaio Raúl Zibechi, em uma roda de conversa sobre movimentos sociais, novas constituições e governos de esquerda na Casa del Árbol, em Quito. A publicação de *Territórios em rebeldia*, agora, une esses dois momentos da editora — dos primórdios à atualidade, da esperança com a onda progressista à necessidade de fortalecer as organizações populares, indígenas, negras e feministas —, remetendo às nossas raízes latino-americanas e ao nosso compromisso com as lutas anticapitalistas pela invenção de um novo mundo livre de opressões e desigualdades. Levamos onze anos de muito trabalho e persistência para chegar até aqui. Estamos felizes e orgulhosos pelo que construímos, e cada vez mais convictos de que não teríamos conseguido trilhar esse caminho sem a parceria das nossas leitoras e leitores. A vocês, sempre, nosso muito obrigado. Continuemos juntos, em manada.

**fontes** Flegrei, Paralucent & Pausa
**papéis** Cartão 250 g/m² & Ivory Cold 58 g/m²
**impressão** BMF Gráfica